급수 한자 총정리
8급 · 7급 중심
형태별로

이 재 원

동이 표음한자 연구원

급수 한자 총정리

8급 · 7급 중심
형태별로

ⓒ 이재원, 2020

발행일	2020년 4월 30일
저자	이 재 원 (李 在 遠)
출판사	동이 표음한자 연구원
발행인	이 재 원
전화	044-867-4439
Fax	050-4059-8029
Email	pyoeumhanja@naver.com
ISBN	979-11-90096-47-8 (13710)
Set ISBN	

이 도서의 국립 중앙도서관 출판사 도서목록(CIP)은 서지정보 유통지원 시스템 홈피 (http://seoji.nl.go.kr)
와 국가자료 공동목록 스템(http://www.nl.go.kr/kolisnet)에서 이용하실 수 있습니다.(CIP 2010 010 405)

서 언

한자는 우리 민족에게 중요한 문자이다. 그렇지만, 학습하기에는 너무나 어려운 문자이다. 한자 자체가 어려운 문자일 수 있지만, 또한 학습 방법 등의 다른 이유로 어려울 수 있다. 한자 자체의 어려움은 주로 본질적 문제이어서 달리 방법이 없다고 할 수 있지만, 학습방법 등의 잘못이라면, 학습방법 등의 개선을 통해 극복할 수 있다고 생각한다.

지금까지의 한자도서들은 한자를 1개의 문자씩 학습하도록 저술되어 있다. 그러면 그 다수의 한자들을 어떻게 하나씩 학습할 수 있겠는가? 얼마나 많은 시간이 걸리겠는가? 얼마나 많은 인내가 요구되겠는가? 이러한 학습 방법이 현명하다고 보기에는 좀 그러하다. 오랜 세월 동안 이러한 방법으로 교육되고 학습되어 오늘에 이르고 있다. 저자는 학습 등의 개선방법으로 다음과 같이 제시한다.

첫째로 유사한 형태별로 한자들이 제시된다. 실용한자 또는 급수한자 전체를 학습 편리를 위해 유사한 형태별로 정리하는 방법이 존재한다. 즉 특정 한자에서 1차적으로 부수가 부가되고, 거기에 2차적으로 부수들이 부가되어 유사한 형태의 한자들이 구성된다. 이러한 방식으로 제공되면, 한자 학습이 용이해질 것이다.

둘째로 중요한 급외 기본한자들이 내포된다. 급수한자에는 모든 한자들의 기본이 되는 중요한 기본한자들이 종종 제외된다. 즉 이 기본한자를 중심으로 부수들이 부가되어 한자들이 파생되는데, 중심이 되는 한자들이 없다 보니 무언가 부족한 느낌이 인지된다. 근간이 되는 한자들이 체계적으로 제시되어 한자학습에서 오는 그 무언가의 결핍이 해소될 것이다.

셋째로 한글의 자모음 순서변경이 요구된다. 한글의 자모음 순서들이 한자에 대한 표음적용에 적합한 지가 고려되어야 한다. 그렇게 하려면, 한자의 1획부수 [一], [丨], [丶], [丿], [乙], [亅]의 6개에 대한 이해가 필요하다. 이 6개의 한자들은 한자의 기본이며, 전부이다. 여기에서 나타난

자음순서는

[ㄹ], [ㄴ], [ㄷ], [ㅌ] / [ㅇ], [ㅎ] / [ㄱ], [ㅋ] /

[ㅅ], [ㅆ], [ㅈ], [ㅊ] / [ㅁ], [ㅂ], [ㅍ]으로

그리고,

모음순서는

[이], [여], [야], [어], [아] /

[으], [요], [유], [오], [우] /

[의], [워], [와]로

제시된다.

저자의 저서인 「표음한자원리」를 참조하세요.

넷째로, 한자의 형태별 대자전이 요구된다. 부수가 부가되는 (기존의) 표의방식이 아니라 기본형태에 따라 부수가 부가되어 유사한 한자형태로 구성된 형태별 자전들이 요구된다. 참고로 저자에 의해 『표음한자 형태별 총자전』이 저술되었으니 참고 부탁드립니다.

이러한 문제와 더불어 지속적인 학습방법의 개선을 통해 한자를 학습한다면, 한자 학습을 효율성이 제고될 수 있다. 이 도서를 통해 한자 학습에 상당히 도움이 될 수 있기를 바랍니다. 또한 한자 학습에 조금이라도 도움을 제공하고자 한자강의 동영상을 유튜브에 제공하고자 합니다.

끝으로 한자학습에서 급수한자는 좋은 가이드가 될 수 있지만, 우리들은 스스로 이 범위에 갇히는 우를 범할 수 있다. 급수한자의 범위를 이해하고 학습을 통해 이 범위를 벗어날 수 있는 계기가 될 수 있기를 기대하여 본다.

2020년 4월 30일

동이 표음한자 연구원

원장 이 재 원

한자에 대한 용어

하나의 한자에 다른 한자들이 부가되어 조합된다. 조합된 한자들은 한자 내에서 각자의 역할이 부여된다. 이러한 역할들은 부수(部首), 표의자(表意字), 표음자(表音字)로 호칭되며, 부가될수록 역할이 가변적이 된다. 이들 역할은 획수가 단순할수록 역할이 중첩되지만, 복잡할수록 분리된다. 이들이 나중에 한자의 표음원리 적용과정에서 중요한 기능을 수행한다.

1) 단순한 경우

	부수	표의자	표음자
一	一	一	一
三	一	一	二
元	儿	儿	二
天	大	大	一

2) 복잡한 경우

	부수	표의자	표음자
产	厂	厂	勹
危	卩	卩	产
脆	卩	危	兀

이제부터는 한자에 대한 새로운 시각과 이해가 요구된다. 새로운 시각으로 보아야만, 한자의 표음원리가 보입니다.

목 차

1획 기본한자 ‥‥‥‥‥1

2획 기본한자 ‥‥‥‥‥11

3획 기본한자 ‥‥‥‥‥37

4획 기본한자 ‥‥‥‥‥53

1. 一

'▶'는 8급 7급 한자임

▶ 일	一	한 일	一心(일심)	一	1	1	8급
	弌	정성스럽다 일		弋	3	4	
올	兀	우뚝하다 올		儿	2	3	특급
작	勺	구기 작	勺飮(작음)	勹	2	3	1급
미	未	아니다 미	未來(미래)	木	4	5	4급
말	末	끝 말	末尾(말미)	木	4	5	5급
본	本	근본 본	本質(본질)	木	4	5	6급
▶ 정	正	바르다 정	正直(정직)	止	4	5	7급
	娗	단정(端整)하다 정		女	3	8	특급
	征	치다 정	征伐(정벌)	彳	3	8	3급
	炡	빛나다 정		火	4	9	특급
	鉦	징 정	打鉦(타정)	金	8	13	특급
	整	가지런하다 정	整理(정리)	攵	4	16	4급
	敕	조서 칙	謹敕(근칙)	攵	4	11	
하	是	여름 하/이것·옳다 시		日	4	9	특급
증	症	증세(症勢) 증	症狀(증상)	疒	5	10	3급

- 1 -

	구	柾	널 구/사람 이름 정		木	4	9	특급
政	정	政	정사(政事) 정	政治(정치)	攵	4	9	4급
		晸	해가 뜨다 정		日	4	12	특급
		筳	대 이름 정		竹	6	15	
▶	명	命	목숨 명	命令(명령)	口	3	8	7급
		亼	모이다 집		人	2	3	
		叩	두드리다 고		口	3	5	
		棆	홈통 명	銅棆(동명)	木	4	12	특급
▶	서	西	서녘 서	西歐(서구)	襾	6	6	8급
		栖	깃들이다(棲) 서	栖止(서지)	木	4	10	특급
	신	哂	웃다 신	哂笑(신소)	口	3	9	특급
		訕	웃다 신		言	7	13	
	내	迺	이에 내		辶	4	10	특급
	쇄	洒	뿌리다 쇄 / 씻다 세 / 엄숙하다 선	洒埽(쇄소) / 洒濯(세탁) / 洒如(선여)	氵	3	9	특급
		晒	쬐다 쇄		日	4	10	
垔	인	垔	막다 인		土	3	9	
		湮	묻히다·잠기다 인	湮滅(인멸)	氵	3	12	1급

- 2 -

		陻	막다·막히다 인	陻鬱(인울)	阝	3	12	특급
		禋	제사지내다 인	禋祀(인기)	示	5	14	특급
		闉	성문·가로막다 인		門	8	17	특급
	연	煙	연기 연	煙氣(연기)	火	4	13	4급
		䓃	연지 연		赤	7	16	
	견	甄	질그릇 견	甄官(견관)	瓦	5	14	2급
		覸	보다 견		見	7	16	

2. ｜

｜	곤	｜	뚫다 곤		｜	1	1	
	인	引	끌다 인	引上(인상)	弓	3	4	4급
	조	弔	조상(弔喪)하다 조	謹弔(근조)	弓	3	4	3급
也	야	也	어조사 야	也乎(야호)	乙	1	3	3급
		乜	사팔뜨기 먀		乙	1	3	
		衪	흙탕물 야		衤	4	7	
	이	弛	늦추다 이	弛緩(이완)	弓	3	6	1급
		杝	피나무 이		木	4	7	특급
		訑	으쓱거리다 이/속이다 타 訑訑(이이) 訑謾(타만)		言	7	10	특급

	迤	비스듬하다·이것 이			辶	4	7
▶ 지	地	땅 지	地方(지방)	土	3	6	7급
	池	연못 지	天池(천지)	氵	3	6	3급
치	馳	달리다 치	馳心(치심)	馬	10	13	1급
체	髢	다리·땋다 체	辮髢(변체)	髟	10	13	특급
타	他	남·다르다 타	他家(타가)	亻	2	5	5급

解) 也(야)에서 부수는 乙(을)이다. 부수 乙에서 파생된 문자는 乜(먀)이다. 즉 也에서 부수는 乙이고, 표의자는 乜이며, 표음자는 丨(곤)이 된다.

3. 丶

丶 주	丶	점 주			丶	1	1
범	凡	무릇·대강 범	凡人(범인)	几	2	3	3급
절	卪	병부 절			卩	2	3
차	叉	갈래 차	交叉(교차)	又	2	3	1급
빙	氷	얼음 빙	氷河(빙하)	水	4	5	5급
영	永	길다 영	永久(영구)	水	4	5	6급
척	斥	물리치다 척	斥邪(척사)	斤	4	5	3급
太 태	太	크다 태	太陽(태양)	大	3	4	6급
	汰	일다·걸러내다 태	沙汰(사태)	氵	3	7	1급

		粏	겨로 만든 태		米	6	10
		忕	사치하다 태		忄	3	7
ㅊ	첩	ㅊ	거듭 첩		丶	1	2
	어	仒	구결자 어		人	2	4
▶	모	母	어미 모	母親(모친)	母	4	5	8급
		毋	말다 무	母 = 毋 + ㅊ	母	4	4
		姆	유모(乳母)·여스승 모	保姆(보모)	女	3	8	특급
	무	拇	엄지손가락 무	拇指(무지)	扌	3	8	1급
		胟	엄지손가락 무		肉	4	9
	매	苺	딸기 매	草苺(초매)	++	4	9	특급
		楣	매화나무 매		木	4	9

4. ノ

ノ	별	ノ	삐침 별		ノ	1	1
	인	刃	칼날 인	忍(인) 兵刃(병인)	刀	2	3	2급
	필	必	반드시 필	必要(필요)	心	4	5	5급
	둔	屯	진치다 둔	屯守(둔수)	屮	3	4	3급
	무	戊	다섯째 천간 무	戊辰(무진)	戈	4	5	3급

| 계 | 系 | 잇다 계 | 系統(계통) | 糸 | 6 | 7 | 4급 |

5. 乙

을	乙	둘째천간·새 을	乙種(을종)	乙	1	1	3급
	叿	소리 을		口	3	4	
	耴	뭇 소리 을		耳	6	7	
	舣	배가 다니다 을		舟	6	7	

6. 亅

궐	亅	갈고리 궐		亅	1	1	
정	丁	넷째천간·장정 정	丁年(정년)	一	1	2	4급
우	于	어조사·하다 우	于嘔(우구)	二	2	3	3급

7. 乚

은	乚	숨다 은	=乚	乙	1	1	
	乚	숨다 은		乙	1	1	
을	鳦	새 을		鳥	11	12	

알	軋	삐걱거리다 알	軋轢(알력)	車	7	8	1급
찰	札	패·편지 찰	落札(낙찰)	木	4	5	2급
이	已	이미 이	已往(이왕)	己	3	3	3급
사	巳	뱀 사	巳月(사월)	己	3	3	3급

解) 已(이), 巳(사)는 コ과 ㄴ로 구성된다. 이 2개에서 부수는 己이다. コ는 己의 약어로 간주된다. 尹(윤)도 부수가 尸라고 하지만, 己의 コ로 간주될 수 있다.

▶	칠	七	일곱 칠	七敎(칠교)	一	1	2	8급
	조	皁	검다·하인 조	皂隷(조례)	白	5	7	특급
	우	麀	암사슴 우	麀鹿(우록)	鹿	11	13	특급

切	절	切	끊다 절/온통 체 切親(절친) 一切(일체)		刀	2	4	5급
		窃	훔치다 절	竊의 속자	穴	5	9	
		跙	넘어지다 절		足	7	11	
	체	眱	살펴보다 체		目	5	9	
		砌	섬돌 체		石	5	9	

乇	탁	乇	풀잎·부탁하다 탁	乇羅(탁라)	ノ	1	3	
		托	맡기다 탁	依托(의탁)	扌	3	6	3급
		託	부탁하다 탁	請託(청탁)	言	7	10	2급
		忘	헤아리다 탁	= 侘	忄	3	6	

宅	택	宅	집 택/댁		宅地(택지) 宅內(댁내)	宀	3	6	5급
		烢	찢어지다 택			火	4	10	
	타	咤	꾸짖다 타		叱咤(질타)	口	3	9	특급
		垞	흙 둔덕 타			土	3	6	
	차	侘	낙망(落望)하다 차		侘傺(차제)	亻	2	8	특급
		蛇	해파리 차			虫	6	12	
电	전	电	번개 전/끌다 예			田	5	6	
▶		電	번개 전		電話(전화)	雨	8	13	7급
奄	엄	奄	가리다·문득 엄		奄息(엄식)	大	3	8	1급
		俺	크다·나 엄			亻	2	10	특급
		掩	가리다 엄		掩護(엄호)	扌	3	11	1급
		淹	담그다 엄		淹死(엄사)	氵	3	11	특급
		閹	고자·내시 엄		閹官(엄관)	門	8	16	특급
	암	唵	머금다·움켜먹다 암		唵昧(암매)	口	3	11	특급
		庵	암자 암		石窟庵(석굴암)	广	3	11	1급
		菴	암자(庵子·菴子) 암			++	4	12	특급
		晻	어둡다 암·엄		晻昧(암매) 晻曖(엄애)	日	4	12	

8. ㇏

㇏	불	㇏	파임 불			ノ	1	1
	예	乂	깎다·다스리다 예	刈와 동자		ノ	1	2	특급
	절	尐	적다 절			小	3	4
丈	장	丈	어른·길이·지팡이 장	丈夫(장부)		一	1	3	3급
		仗	의장(儀仗) 장	兵仗(병장)		亻	2	5	1급
		杖	지팡이 장	棍杖(곤장)		木	4	7	1급
		疢	질병 장			疒	5	8
吏	리	吏	벼슬아치 리	官吏(관리)		口	3	6	3급
		丈	어른·길이·지팡이 장	丈夫(장부)		一	1	3	3급
		悷	근심하다 리			忄	3	9
	사	使	부리다·하여금 사	使臣(사신)		亻	2	8	6급
		狾	짐승 이름 사			犭	3	9
更	경	更	고치다 경 다시 갱	更迭(경질) 更生(갱생)		曰	4	7	4급
		梗	줄기·막히다 경	梗塞(경색)		木	4	11	1급
		硬	굳다 경	硬直(경직)		石	5	12	3급
	갱	粳	메벼 갱/경	粳稻(갱도)	粳粟(경속)	米	6	13	특급

		粳	메벼 갱		禾	5	12
소		甦	깨어나다 소	甦生(소생)	生	5	12	1급
▶	편	便	편하다 편 오줌 변	便利(편리) 便祕(변비)	亻	2	9	7급
		鞭	채찍 편	鞭撻(편달)	革	9	18	1급
		篇	가마 편		竹	6	15	
		緶	꿰메다 편		糸	6	15	
	변	洴	오줌 변		氵	3	12	
		嬎	예쁘다 변/편		女	3	12	

9. 二

		한자	뜻	용례	부수			급
▶	이	二	둘·두·다음 이	二分(이분)	二	2	2	8급
		刂	깎아내다 이		刂	2	4	
	인	仁	어질다 인	仁者(인자)	亻	2	4	4급
	축	竺	대나무·천축(인도) 축	天竺(천축)	竹	6	8	특급
	차	次	버금 차	次元(차원)	欠	4	6	4급
	균	匀	고르다·적다 균	匀旨(균지)	勹	2	4	특급
	원	元	으뜸 원	元年(원년)	儿	2	4	5급
▶	삼	三	석 삼	三角(삼각)	一	1	3	8급
		仨	셋 삼		亻	2	5	
		帉	옷이 찢어지다 삼		巾	3	6	
		弎	석 삼	三 의 고자	弋	3	6	
畺	강	畺	지경 강		田	5	13	특급
		畕	나란하다 강		田	5	10	
		彊	굳세다 강	彊求(강구)	弓	3	16	2급
		橿	감탕(甘湯)나무 강		木	4	17	특급
		薑	생강 강	生薑(생강)	++	4	17	1급

10. 亠

亠	두	亠	돼지해머리 두			亠	2	2
	변	卞	성씨·조급하다 변	卞急(변급)		卜	2	4	2급
	원	円	둥글다 원	靑(청)		冂	2	4
▶	시	市	저자 시	市場(시장)		巾	3	5	7급
		柿	감 시	乾柿(건시)		木	4	9	1급
	지	疧	병들다 지			疒	5	10
	자	姉	손윗누이 자 姉妹(자매)	姉妹(자매)		女	3	8	4급
		秭	십억 자			禾	5	10
	뇨	鬧	시끄럽다·지껄이다 뇨	鬧歌(요가)		鬥	10	15	특급
		夹	시끄럽다 뇨			人	2	7
▶	륙	六	여섯 륙	六角(육각)		八	2	4	8급
		岦	버섯 륙			屮	3	7
		竻	대 이름 륙			竹	6	10
	육	宍	고기 육/둘레 유			宀	3	7
	측	昃	해가 기울다 측			日	4	8
冥	명	冥	어둡다 명	冥福(명복)		冖	2	10	3급

		溟	바다 명	溟州(명주)	氵	3	13	1급
		暝	저물다 명	暝想(명상)	日	4	14	1급
		蓂	명협(蓂莢)·달력풀 명	蓂曆(명력)	++	4	14	특급
		瞑	눈감다 명	瞑想(명상)	目	5	15	특급
		螟	멸구 명	螟蟲(명충)	虫	6	16	1급
▶	육	育	기르다 육	育成(육성)	肉	4	8	7급
		育	작은 벌레 원		肉	4	6	
		堉	기름진 땅 육		土	3	11	특급
		愪	두근거리다 육		忄	3	11	
		焴	빛나다 육		火	4	12	
敊	철	徹	통하다 철	(敊 음 미상) 徹底(철저)	彳	3	15	3급
		撤	거두다 철	撤收(철수)	扌	3	15	2급
		澈	맑다 철	瑩澈(형철)	氵	3	15	2급
		轍	바퀴자국 철	軌轍(궤철)	車	7	19	1급

11. 人

▶	인	人	사람 인	人間(인간)	人	2	2	8급
		魜	인어 인		魚	11	13	

	섬	閃	번쩍이다 섬	閃燿(섬요)	門	8	10	1급
	와	臥	눕다 와	臥席(와석)	臣	6	8	3급
	수	囚	가두다 수	囚人(수인)	口	3	5	3급
	항	衕	가다 항		行	6	8	
从	종	从	따르다 종	從의 본자	人	2	4	
		慫	권하다 종		心	4	8	
	중	众	무리 중		人	2	6	
	총	丛	떨기·모이다 총		一	1	5	

12. 亻

亻	인	亻	사람 인		亻	2	2	
	항	衚	가다 항		行	6	8	
化	화	化	되다 화	化合(화합)	匕	2	4	5급
▶		花	꽃 화	花草(화초)	++	4	8	**7급**
		貨	재물 화	貨幣(화폐)	貝	7	11	4급
		靴	신 화	軍靴(군화)	革	9	13	2급
	와	吪	그릇되다·감화하다 와	嘵吪(효와)	口	3	7	특급
		訛	그릇되다 와	訛傳(와전)	言	7	11	1급

13. 儿

儿	인	儿	어진 사람 인		儿	2	2	
	강	羌	오랑캐 강		羊	6	8	특급
	용	冗	한가(閑暇)롭다·쓸데없다 용 冗長(용장) 冗雜(용잡)		宀	3	5	특급
	록	圥	버섯 록	坴(륙)	土	3	5	
	독	禿	대머리 독	禿頭(독두)	禾	5	7	1급
	모	皃	모양 모/모사하다 막	貌(모)	白	5	7	
	호	虎	범 호	猛虎(맹호)	虍	6	8	3급
▶	사	四	넉 사	四顧無親(사고무친)	口	3	5	**8급**
		泗	물 이름 사		氵	3	8	2급
		柶	수저·윷 사	擲柶(척사)	木	4	9	특급
		駟	사마(駟馬) 사		馬	10	15	특급
匹	필	匹	짝 필	匹敵(필적)	匸	2	4	3급
		肶	살찌다 필		肉	4	8	
		苉	분자식 필		++	4	8	
		鴄	집오리 필		鳥	11	15	

14. 入

▶	입	入	들다·들이다 입	入試(입시)	入	2	2	7급
		叺	가마니 입		口	3	5	
		圦	수문 입		土	3	5	
		扖	끼이다 입		扌	3	5	
久	구	久	오래다 구	久遠(구원)	ノ	1	3	3급
		灸	굽다·뜸 구	灸治(구치)	火	4	7	1급
		玖	옥돌 구		王	4	7	2급
		疚	고질병(痼疾病) 구	疚心(구심)	疒	5	8	특급
匛	구	匛	널 구		匚	2	5	
		柩	널 구	靈柩車(영구차)	木	4	9	1급
		弡	강하다 구		弓	3	8	
羑	유	羑	인도하다 유		羊	6	9	특급
		羗	꾀다 유		厶	3	12	
		湵	물 이름 유		氵	3	12	
夾	섬	夾	숨기다 섬		大	3	7	

		陜	땅 이름 섬	陜西省(섬서성)	ß	3	10	2급
		徚	건들건들 걷다 섬		彳	3	10	
			깜작이다 섬		目	5	12	

15. 八

▶	팔	八	여덟 팔	八苦(팔고)	八	2	2	8급
		叭	나팔 팔	喇叭(나팔)	口	3	5	특급
	파	蚆	메뚜기 파		虫	6	8	
		趴	기어가다 파		𧾷	7	8	
	별	兯	나누다 별	別의 고자 㡀(폐)	八	2	4	
	지	只	다만 지	只今(지금)	口	3	5	3급
▶	평	平	평평하다 평	平和(평화)	干	3	5	7급
		坪	들판·평수 평	坪當(평당)	土	3	8	2급
		枰	바둑판 평	棋枰(기평)	木	4	9	특급
		苹	개구리밥·쑥·사과 평	苹果(평과)	++	4	9	특급
		評	평하다 평	評論(평론)	言	7	12	4급
	팽	伻	부리다·심부름꾼 팽	伻書(팽서)	亻	2	7	특급
	칭	秤	저울 칭	秤錘(칭추)	禾	5	10	1급

| 泙 | 평 | 泙 | 물소리·골짜기 평 | | 氵 | 3 | 8 | |
| | | 萍 | 부평초(浮萍草) 평 | 流萍(유평) | ⺿ | 4 | 12 | 1급 |

16. 冂

冂	경	冂	멀다 경		冂	2	2	특급
	앙	央	가운데 앙	中央(중앙)	大	3	5	3급
▶	내	內	안 내	內科(내과)	入	2	4	7급
		帗	깃발이 드리워지다 내		巾	3	7	
	예	汭	물굽이 예		氵	3	7	특급
		芮	성씨 예	石龍芮(석용예)	⺿	4	8	2급
		蚋	모기 예	蚊蚋(문예) 蠓蚋(몽예)	虫	6	10	특급
	납	衲	깁다 납	衲衣(납의)	衤	5	9	1급
		納	들이다 납	納付(납부)	糸	6	10	4급
		軜	고삐 납		車	7	11	특급
	눌	訥	더듬거리다 눌	訥辯(눌변)	言	7	11	1급
		忸	근심하다 눌		忄	3	7	
丙	병	丙	셋째천간·남녘 병	丙科(병과)	一	1	5	3급
		怲	근심하다 병		忄	3	8	특급

昺	밝다·불꽃 병		日	4	9	2급
昞	밝다 병		日	4	9	2급
柄	자루·근본 병	身柄(신병)	木	4	9	2급
炳	불꽃 병	炳耀(병요)	火	4	9	2급
病	질병 병	疾病(질병)	疒	5	10	6급

17. 冖

冖	멱	冖	덮다 멱		一	2	2	
	각	寉	고상하다 각/오르다 혹		隹	8	10	
▶	군	軍	군사 군	軍事(군사)	車	7	9	8급
		庫	창고 군		广	3	12	
	운	運	옮기다 운	運輸(운수)	辶	4	13	6급
		睴	넉넉하다 운		貝	7	16	
	혼	渾	흐리다·뒤섞이다 혼	渾沌(혼돈)	氵	3	12	1급
		琿	아름다운 옥 혼	琿春(혼춘)	王	4	13	특급
	훈	暈	무리(光環) 훈	暈彩(훈채)	日	4	13	1급
		葷	훈채 훈	葷菜(훈채)	++	4	13	
	휘	揮	휘두르다 휘	揮發油(휘발유)	扌	3	12	4급

暉	햇빛 휘	朝暉(조휘)	日	4	13	특급
輝	빛나다 휘	星輝(성휘)	火	4	13	특급
翬	훨훨 날다·꿩 휘	翬奐(휘환)	羽	6	15	특급

18. 凵

凵	감	凵	입을 벌리다 감		凵	2	2	
		凼	웅덩이 감		水	4	6	
	예	叀	굴대 끝 예/세	= 轊(세)	車	7	9	
▶	세	世	인간·세대 세	世界(세계)	一	1	5	7급
		七	일곱 칠		一	1	2	
		笹	조릿대 세		竹	6	11	특급
	설	泄	새다 설	泄瀉(설사)	氵	3	8	1급
		紲	고삐 설	勒紲(늑설)	糸	6	11	특급
葉	엽	枼	잎사귀 엽		木	4	9	
		葉	잎 엽	落葉(낙엽)	++	4	13	5급
	섭	韘	깍지·언치 섭	鞈韘(첩섭)	韋	9	18	특급
	접	蝶	나비 접	蝶泳(접영)	虫	6	15	3급
	첩	堞	성가퀴 첩	堞口(첩구)	土	3	12	특급

	牒	편지 첩	請牒(청첩)	片	4	13	1급
	諜	염탐하다 첩	諜報(첩보)	言	7	16	2급
설	渫	파내다·업신여기다 설	浚渫(준설)	氵	3	12	1급
	緤	고삐 설		糸	6	15	
貰 세	貰	세놓다 세	傳貰(전세)	貝	7	12	2급
예	勩	수고롭다 예/이	勩勞(예로)	力	2	14	특급

19. 力

▶ 력	力	힘 력	力不及(역불급)	力	2	2	7급
	屶	험준하다 력		山	3	5	
령	另	헤어지다·별다른 령	另日(영일)	口	3	5	
유	幼	어리다 유	幼兒(유아)	幺	3	5	3급
▶ 오	五	다섯 오	五更(오경)	二	2	4	8급
	伍	다섯사람 오	隊伍(대오)	亻	2	6	1급
	悟	깨닫다 오		心	4	8	
	晤	깨닫다 오		目	5	9	
吾 오	吾	나 오	吾人(오인)	口	3	7	3급

	俉	맞이하다 오			亻	2	9	특급
	悟	깨닫다 오	覺悟(각오)	忄	3	10	3급
	晤	밝다·만나다 오	晤語(오어)	日	4	11	특급
	梧	오동나무 오	梧桐(오동)	木	4	11	2급
	珸	아름다운 돌 오		王	4	11	특급
어	圄	감옥 어	囹圄(영어)	口	3	10	1급
	敔	막다·악기 이름 어	夏敔(알어)	攵	4	11	특급
▶	語	말씀 어	語彙(어휘)	言	7	14	7급
	齬	이어긋나다 어	齟齬(저어)	齒	15	22	특급
아	衙	마을·관청 아	衙前(아전)	行	6	13	1급

牾 오	牾	거슬리다 오		牜	4	11	
	寤	잠깨다 오	寤寐不忘(오매불망)	宀	3	14	1급
	窹	부엌 오		穴	5	16	

劦 협	劦	합하다 협		力	2	6	
	協	맞다·합하다 협	協同(협동)	十	2	8	4급
	愶	맞다 협		忄	3	9	특급
	脅	으르다·위협하다 협 으쓱거리다 흡	脅迫(협박) 脅肩(흡견)	肉	4	10	3급
	脇	갈비(脅) 협	脇痛(협통)	肉	4	10	특급

	륵	肋	갈빗대 륵	鷄肋(계륵)	肉	4	6	1급
肋		鰤	물고기 갈비 륵		魚	11	17	
	근	筋	힘줄 근	筋肉(근육)	竹	6	12	4급
		莇	뼈·힘줄 근		++	4	10	
▶	남	男	사내 남	男便(남편)	田	5	7	7급
		傆	사내 남		亻	2	9	
	생	甥	생질 생	甥姪(생질)	生	5	12	1급
	구	舅	시아비·외삼촌 구	舅姑(구고)	臼	6	13	1급

20. 匕

	비	匕	비수 비	匕首(비수)	匕	2	2	1급
匕		帆	찢어지다 비		巾	3	5	
	빈	牝	암컷 빈	牝牛(빈우)	牛	4	6	특급
	질	叱	꾸짖다 질	叱責(질책)	口	3	5	1급
	니	尼	여승 니	印尼(인니)	尸	3	5	2급
	지	旨	뜻·맛있다 지	要旨(요지)	日	4	6	2급
	타	它	다르다 타		宀	3	5	특급
	차	此	이 차	此際(차제)	止	4	6	3급

21. 十

▶	십	十	열 십	十分(십분)	十	2	2	8급
		什	열사람 십 세간 집	什長(십장) 什器(집기)	亻	2	4	1급
	계	計	세다 계	計算(계산)	言	7	9	6급
	침	針	바늘 침	方針(방침)	金	8	10	4급
	즙	汁	즙 즙	米汁(미즙)	氵	3	5	1급
	고	古	예·선조 고	古今(고금)	口	3	5	6급
▶	직	直	곧다 직	直線(직선)	目	5	8	7급
		䀚	쌍꺼풀 교		目	5	6	
		稙	올벼 직		禾	5	13	2급
	식	埴	찰흙 식/치 丹埴(단식)	朱埴(주치)	土	3	11	특급
▶		植	심다 식	植木(식목)	木	4	12	7급
		殖	불리다 식	繁殖(번식)	歹	4	12	2급
	치	値	값·만나다 치	價值(가치)	亻	2	10	3급
		置	두다 치	設置(설치)	罒	5	13	4급
悳	덕	悳	크다·덕 덕	悳荇(덕행)	心	4	12	2급
		德	크다·덕 덕	德談(덕담)	彳	3	15	5급

聽	청	聽	듣다 청	聽取(청취)	耳	6	22	4급
		聠	듣다 청	聽의 고자	耳	6	10	
		廳	관청 청	官廳(관청)	广	3	25	4급
		厅	관청 청		厂	2	24	

22. 卜

卜	복	卜	점 복	卜占(복점)	卜	2	2	3급
		扑	치다 복	扑撻(복달)	扌	3	5	특급
	박	朴	성씨·순박하다 박	淳朴(순박)	木	4	6	6급
		玘	덩어리 옥 박		王	4	6	
▶	외	外	바깥 외	外交(외교)	夕	3	5	8급
	부	訃	부고 부	訃告(부고)	言	7	9	1급
		赴	다다르다·가다 부	赴任(부임)	走	7	9	3급
▶	상	上	위·오르다 상	上京(상경)	一	1	3	7급
	정	貞	곧다 정	貞淑(정숙)	貝	7	9	3급
▶	하	下	아래·내리다 하	下人(하인)	一	1	3	7급
		芐	지황(地黃) 하/호	乾芐(건하)	++	4	7	특급
		疨	이질 하		疒	5	8	

23. 𠂉

𠂉	기	𠂉	기운 기	气(기운 기)의 약자	气	4	2	
	걸	乞	빌다 걸	乞人(걸인)	乙	1	3	3급
	실	失	잃다 실	失望(실망)	大	3	5	6급
	주	朱	붉다 주	朱脣白齒(주순백치)	木	4	6	4급

解) 𠂉는 人의 변형으로 간주될 수 있다. 旗(기)는 㫃(언)과 其(기)로 구성된다.

▶	오	午	낮·일곱째지지 오	午後(오후)	十	2	4	**7급**
		忤	거스르다 오	忤狠(오한)	忄	3	7	특급
		旿	밝다·한낮 오		日	4	8	특급
	저	杵	(절구)공이 저	杵臼(저구)	木	4	8	특급
		岾	산 이름 저		山	3	7	

許	허	許	허락하다 허	許諾(허락)	言	7	11	5급
		萭	속단(續斷) 허		++	4	15	
	호	滸	물가 호		氵	3	14	특급

| ▶ | 매 | 每 | 매양 매 | 每年(매년) | 母 | 4 | 7 | 7급 |
| | | 母 | 어미 모 | | 毋 | 4 | 5 | |

		脢	등심 매			肉	4	11	특급
		梅	매화 매	梅花(매화)	木	4	11	3급
		痗	앓다 매		疒	5	12	특급
		鋂	사슬고리 매		金	8	15	특급
▶	해	海	바다 해	海外(해외)	氵	3	10	**7급**
		烸	건조하다 해		火	4	11	
	모	侮	업신여기다 모	侮辱(모욕)	亻	2	9	3급
		蝐	꽃게 모		虫	6	13	
	회	悔	뉘우치다 회	悔恨(회한)	忄	3	10	3급
		晦	그믐·감추다 회	韜光養晦(도광양회)	日	4	11	1급
		誨	가르치다 회	奬誨(장회)	言	7	14	1급
敏	민	敏	민첩하다 민	敏捷(민첩)	攵	4	11	3급
		慜	총명(聰明)하다 민		心	4	15	특급
		鰵	다금바리 민		魚	11	22	
繁	번	繁	번성하다 번	繁盛(번성)	糸	6	17	3급
		蘩	흰 쑥 번		++	4	21	특급
		瀿	넘치다 번		氵	3	20	
▶	년	年	해 년	年初(연초)	干	3	6	8급

姩	예쁜 여자 년	女	3	9
郍	고을 이름 년	阝	3	9
胼	유방 년	肉	4	10
舛	어그러지다 천	舛	6	6

解) 年(년)에서 부수는 干으로 되어 있지만, 舛(천)으로 고려되어야 하고, 단지 舛의 우측 문자가 약어로 표기된 것이다. 舛의 부분을 참조.

24. 乂

乂	오	乂	다섯 오	= 五	丿	1	2
	예	刈	베다 예	刈穫(예확)	刂	2	4	특급
	애	艾	쑥 애	蘭艾(난애)	++	4	6	2급
	살	杀	죽이다 살	= 殺	木	4	6
曳	예	曳	끌다 예	曳引(예인)	曰	4	6	1급
		拽	끌다 예		扌	3	9
	설	洩	새다 설	漏洩(누설)	氵	3	9	1급
		絏	매다 설		糸	6	12	특급
▶	교	敎	가르치다 교	敎育(교육)	攵	4	11	8급
		季	가르치다 교		子	3	7

		存	있다 존		= 存	子	3	5
		漖	강 이름 교			氵	3	10
		磽	울퉁불퉁하다 교			石	5	12
	효	嘐	성내다 효			口	3	10
希	희	希	바라다 희	希望(희망)		巾	3	7	4급
		布	베·펴다 포	公布(공포)		巾	3	5	4급
		晞	마르다 희	晞和(희화)		日	4	11	특급
		稀	드물다 희	稀薄(희박)		禾	5	12	3급
		豨	돼지 희	豨勇(희용)		豕	7	14	특급
	치	絺	칡베/수놓다 치	絺綌(치격)		糸	6	13	특급
		瓻	술 단지 치			瓦	5	12

25. ㄱ

ㄱ	기	ㄱ	몸 기	己의 약자 已(이)	己	3	2
	거	巨	크다 거	巨大(거대)	工	3	5	4급

解) ㄱ는 己의 약자로 간주된다.

曰	인	曰	말미암다 인	因의 속자	口	3	5

		咽	목구멍 인	咽의 속자	口	3	8
▶ 민		民	백성 민	民衆(민중)	氏	4	5	8급
		岷	산 이름 민	岷江(민강)	山	3	8	특급
		珉	옥돌 민		王	4	9	2급
		泯	망하다 민/뒤섞이다 면	泯亂(민란)	氵	3	8	특급
	면	眠	자다 면	睡眠(수면)	目	5	10	3급
昏	혼	昏	어둡다 혼/힘쓰다 민		日	4	9	특급
		婚	결혼하다 혼		女	3	12	
	민	緡	돈꿰미 민	緡錢(민전)	糸	6	15	특급
		鍲	돈꿰미 민		金	8	17	
敃	민	敃	힘쓰다·강인하다 민		攵	4	9	특급
		愍	슬퍼하다 민	矜愍(긍민)	心	4	13	특급
		暋	굳세다·번민하다 민		日	4	13	특급
	혼	瞀	번민하다 혼		目	5	14	

26. 屮

屮	좌	屮	왼쪽 좌		ノ	1	2

	우	友	벗 우		友愛(우애)	又	2	4	5급
	존	存	있다 존		= 存	子	3	5	
	굉	厷	팔뚝 굉			厶	2	4	
	윤	尹	성씨 윤		官尹(관윤)	尸	3	4	2급
	포	布	베·펴다 포		公布(공포)	巾	3	5	4급
	회	灰	재 회		灰色(회색)	火	4	6	4급
▶	우	右	오른쪽 우		友軍(우군)	口	3	5	**7급**
		佑	돕다 우		保佑(보우)	亻	2	7	2급
		祐	복(福) 우		幸祐(행우)	示	5	10	2급
盫	유	盫	바가지 유			皿	5	10	
	해	醢	젓 해	(盫=盫 바가지 유)		酉	7	17	특급
		盬	젓 해			皿	5	17	
		榼	술통 해			木	4	14	
若	약	若	같다 약/반야 야	若干(약간) 般若(반야)		++	4	9	3급
		楉	석류 약			木	4	13	
	야	惹	이끌다 야		惹起(야기)	心	4	13	2급
	낙	諾	허락하다 낙		許諾(허락)	言	7	16	3급

匿	닉	匿	숨기다 닉	匿名(익명)	匸	2	11	1급
		嫟	친압(親狎)하다 닉		女	3	14	
		惄	부끄럽다 닉		忄	3	14	
	특	慝	사특(邪慝)하다 특	奸慝(간특)	心	4	15	1급
▶	좌	左	왼 좌	左翼(좌익)	工	3	5	7급
		佐	돕다 좌	佐攻(좌공)	亻	2	7	3급
		尳	절룩거리다 좌		尢	3	8	
		袏	옷 보따리 좌		衤	5	10	
惰	타	惰	게으르다 타	惰性(타성)	忄	3	12	1급
		楕	길고 둥글다 타	楕圓(타원)	木	4	13	1급
隋	수	隋	수나라 수	隋書(수서)	阝	3	12	2급
		遀	따르다 수		辶	4	16	
	타	嶞	산이 높다 타		山	3	15	특급
		墮	떨어지다 타/무너뜨리다 휴 墮落(타락), 墮塊(휴괴)		土	3	15	3급
遂	수	遀	따르다 수		辶	4	13	
		隨	따르다 수	隨筆(수필)	阝	3	16	3급
		髓	뼛골 수	骨髓(골수)	骨	10	23	1급

		膸	뼛골 수			肉	4	17	
▶	유	有	있다 유	有利(유리)	月	4	6	7급
		侑	권하다·돕다 유	侑食(유식)	亻	2	8	특급
		囿	동산 유	苑囿(원유)	口	3	9	특급
		宥	너그럽다 유	宥罪(유죄)	宀	3	9	1급
		洧	물 이름 유		氵	3	9	특급
		鮪	참다랑어 유		魚	11	17	특급
	회	賄	재물·뇌물 회	賄賂(회뢰)	貝	7	13	1급
		蛕	회충 회		虫	6	12	
	욱	郁	성하다 욱	郁郁靑靑(욱욱청청)	阝	3	9	2급
		栯	나무 이름 욱		木	4	10	특급

27. 九

▶	구	九	아홉 구	九死一生(구사일생)	乙	1	2	8급
		仇	원수 구	仇恨(구한)	亻	2	4	1급
		究	연구하다 구	硏究(연구)	穴	5	7	4급
		頄	광대뼈 구/규		頁	9	11	특급
		鳩	비둘기 구	靑鳩(청구)	鳥	11	13	1급

		苬	변방 구	苬野(구야)	++	4	6	특급
	고	尻	꽁무니 고		尸	3	5	특급
	귀	宄	도둑 귀		宀	3	5	특급
	욱	旭	아침 해 욱	旭光(욱광)	日	4	6	2급
	효	虓	울부짖다 효		虍	6	10	특급
汍	궤	汍	샘 궤		氵	3	5	특급
	염	染	물들이다 염	染料(염료)	木	4	9	3급
劜	력	劜	미상 력		力	2	4	
	포	抛	던지다 포	抛棄(포기)	扌	3	7	2급
軌	궤	軌	바퀴자국 궤	軌道(궤도)	車	7	9	3급
		匭	상자 궤	投匭(투궤)	匚	2	11	특급
		漸	물의 모양 궤		氵	3	12	
		藑	향초 궤		++	4	13	

28. ソ

ソ	팔	ソ	여덟 팔	= 八	八	2	2	
	아	丫	가닥·가장귀 아		ㅣ	1	3	

초	艸	풀 초		++	4	3	
임	羊	찌르다 임		干	3	5	
발	夾	달리다 발		大	3	5	
▶ 전	前	앞 전	前面(전면)	刂	2	9	7급
	刖	베다 월		刂	2	6	
	剪	가위 전	剪枝(전지)	刀	2	11	1급
	煎	달이다 전	花煎(화전)	灬	4	13	1급
	箭	화살 전	箭鏃(전촉)	竹	6	15	1급
	翦	자르다·베다 전	翦賊(전적)	羽	6	15	특급
▶ 제	弟	아우 제	兄弟(형제)	弓	3	7	8급
	弔	조문하다 조	(丫 가장귀 아)	弓	3	5	
	娣	손아래 누이·제수 제	娣姒(제사)	女	3	10	특급
	悌	공손하다 제	不悌(부제)	忄	3	10	1급
	梯	사다리 제	階梯(계제)	木	4	11	1급
	稊	돌피·싹·움 제	稊稗(제패)	禾	5	12	특급
	鵜	사다새 제	鵜鶘(제호)	鳥	11	18	특급
체	剃	머리깎다 체	剃髮(체발)	刂	2	9	특급
	涕	눈물 체	涕泣(체읍)	氵	3	10	1급

▶ 남　南　남녘 남　　南風(남풍) 南無(나무)　十　2　9　8급

　　　　　羋　찌르다 임　　　　　　　　　　　干　3　5

　　　　浦　물 이름 남　　　　　　　　　　氵　3　12　특급

　　　　楠　녹나무 남　　　　　　　　　　木　4　13　특급

　　　　諵　수다스럽다 남　　　　　　　　言　7　16

29. 口

▶ 구	口	입 구	口號(구호)	口	3	3	**7급**
	扣	두드리다 구	打扣(타구)	扌	3	6	특급
명	鳴	울다 명	悲鳴(비명)	鳥	11	14	4급
행	杏	살구 행	杏花(행화)	木	4	7	2급
가	加	더하다 가	加入(가입)	力	2	5	5급
여	如	같다 여	如前(여전)	女	3	6	4급
▶ 형	兄	형 형	兄弟(형제)	儿	2	5	**8급**
	娻	즐겁다 형		女	3	8	
황	況	상황 황	狀況(상황)	氵	3	8	4급
주	呪	빌다 주	呪文(주문) 呪術(주술)	口	3	8	1급
축	柷	악기 이름 축	飯柷(반축)	木	4	9	특급
	祝	빌다 축	祝賀(축하)	示	5	10	5급
競 경	競	다투다 경	(竝 나란히 병)	立	5	20	5급
	竝	나란하다 병		立	5	10	
	�	형 곤	=昆	儿	2	10	

30. 土

	토	土	흙 토	土曜日(토요일)	土	3	3	8급
		吐	토하다·게우다 토	吐露(토로)	口	3	6	3급
	두	杜	막다·뿌리 두	杜絶(두절)	木	4	7	2급
	모	牡	수컷 모	牡牛(모우)	牛	4	7	1급
	사	社	모이다 사	社會(사회)	示	5	8	6급
寺	시	寺	내시·모시다·관청 시 절·마을 사	寺人(시인) 寺院(사원)	寸	3	6	4급
		侍	모시다·부리다 시	侍女(시녀)	亻	2	8	3급
		恃	믿다 시	恃賴(시뢰)	忄	3	9	특급
		詩	시 시	詩經(시경)	言	7	13	4급
	지	持	가지다 지	持參(지참)	扌	3	9	4급
	치	峙	언덕 치	對峙(대치)	山	3	9	2급
		庤	쌓다·갖추다 치		广	3	9	특급
		痔	치질 치	痔疾(치질)	疒	5	11	1급
	대	待	기다리다 대	待命(대명)	彳	3	9	6급
	등	等	무리 등	等級(등급)	竹	6	12	6급
	특	特	특별(特別)하다 특	特殊(특수)	牛	4	10	6급

	시	時	때 시	時間(시간)	日	4	10	7급
▶		塒	홰 시	登塒(등시)	土	3	13	특급
		蒔	모종하다 시	蒔植(시식)	++	4	14	특급
		澍	빗물 시		氵	3	13	

31. 士

士	사	士	선비 사	士大夫(사대부)	士	3	3	5급
		仕	벼슬·섬기다 사	仕官(사관)	亻	2	5	5급

32. 夂

夂	夂	夂	뒤져오다 치		夂	3	3	
	각	各	각각 각	各個(각개)	口	3	6	6급
▶	동	冬	겨울 동	冬寒(동한)	冫	2	5	7급
		疼	아프다 동	疼痛(동통)	疒	5	10	1급
	종	終	마치다 종	終了(종료)	糸	6	11	5급
		螽	메뚜기 종	螽斯(종사)	虫	6	17	특급
		蚣	벌레 곤		虫	6	12	

33. 夊

| 夊 | 쇠 | 夊 | 천천히 걷다 쇠 | | 夊 | 3 | 3 | |
| | 애 | 㸒 | 사랑하다 애 | 愛(애) | 心 | 4 | 7 | |

34. 夕

▶	석	夕	저녁 석	夕刊(석간)	夕	3	3	7급
		汐	조수(潮水) 석	汐水(석수)	氵	3	6	특급
	손	飧	저녁밥 손	加飧(가손)	食	9	12	특급
	다	多	많다 다	多事多忙(다사다망)	夕	3	6	6급
▶	명	名	이름 명	名家(명가)	口	3	6	7급
		茗	차의 싹 명	茗盌(명완)	⺿	4	10	특급
		酩	술에 취하다 명	酩酊(명정)	酉	7	13	1급
		銘	새기다 명	銘心(명심)	金	8	14	3급

35. 大

| ▶ | 대 | 大 | 크다 대 | 大家(대가) | 大 | 3 | 3 | 8급 |

	呔	맛보다 대		口	3	6	
인	因	인하다 인	因果(인과) 因緣(인연)	口	3	6	5급
연	耎	가냘프다 연	耎角(연각)	而	6	9	
미	美	아름답다 미	美國(미국)	羊	6	9	6급
첨	尖	뾰족하다 첨	尖端(첨단)	小	3	6	3급

36. 女

▶ 녀	女	계집 녀	女丈夫(여장부)	女	3	3	8급
여	汝	너 여	汝等(여등)	氵	3	6	3급
호	好	좋다 호	好事多魔(호사다마)	女	3	6	4급
요	要	요긴하다 요	要緊(요긴)	襾	6	9	5급
▶ 안	安	편안 안	安全(안전)	宀	3	6	7급
	按	누르다 안	按摩(안마)	扌	3	9	1급
	晏	늦다 안	晏眠(안면)	日	4	10	1급
	案	책상 안	案件(안건)	木	4	10	5급
	鞍	안장 안	鞍裝(안장)	革	9	15	1급
	鮟	아귀 안	鮟鱇網(안강망)	魚	11	17	특급
알	頞	콧대 알	頞浮陀(알부다)	頁	9	15	특급

37. 子

	자	子	아들 자	子息(자식)	子	3	3	7급
▶								
		仔	자세하다 자	仔細(자세)	亻	2	5	1급
▶		字	글자 자	字母(자모)	子	3	6	7급
		秄	북돋우다 자	耘秄(운자)	禾	6	9	특급
	리	李	오얏·성씨 리	瓜田李下(과전이하)	木	4	7	6급
	후	昪	두텁다 후		日	4	7	

38. 寸

	촌	寸	마디 촌	寸數(촌수)	寸	3	3	8급
▶								
		忖	헤아리다 촌	忖度(촌탁)	忄	3	6	1급
▶		村	마을 촌	村落(촌락)	木	4	7	7급
		邨	마디 촌/꾸짖다 두	壽(수)	口	3	6	
	토	討	치다 토	討伐(토벌)	言	7	10	4급
	수	守	지키다 수	守備(수비)	宀	3	6	4급
	주	紂	껑거리끈·주임금 주	紂王(주왕)	糸	6	9	1급
		酎	전국술 주	燒酎(소주)	酉	7	10	특급

부	付	주다·붙다 부	付託(부탁)	亻	2	5	3급
내	耐	견디다 내	耐性(내성)	而	6	9	3급
욕	辱	욕되다 욕	辱說(욕설)	辰	7	10	3급

39. 小

▶	소	小	작다 소	積小成大(적소성대)	小	3	3	8급
		苁	약초이름 소		⺿	4	7	
	초	肖	닮다·같다 초	肖像(초상)	肉	4	7	3급
	재	齋	재계하다·집 재	書齋(서재)	齊	14	17	1급
	쇄	貨	조가비 소리 쇄		貝	7	10	

40. 屮

屮	철	屮	싹이 트다 철/풀 초	草의 고자	屮	3	3	
	좌	屮	왼쪽 좌		屮	3	3	
	궐	屵	움직이다 궐		屮	3	3	
▶	출	出	(태어)나다 출	出生(출생)	凵	2	5	7급
		黜	내치다 출	黜黨(출당)	黑	12	17	1급

- 43 -

줄	茁	싹 줄 싹 절	竹茁(죽줄) 抽茁(추절)	++	4	9	특급
	怵	근심하다 줄		忄	3	8	
	笜	죽순 줄		竹	6	11	
졸	拙	옹졸(壅拙)하다 졸	拙劣(졸렬)	扌	3	8	3급
	㑊	서툴다 졸		攴	4	9	
	顧	광대뼈 졸		頁	9	14	
굴	詘	굽다·말막히다 굴 내치다 출/말더듬다 눌	詘指(굴지)	言	7	12	특급
비	朏	초승달 비	朏魄(비백)	月	4	9	특급
屈 굴	屈	굽히다 굴	屈服(굴복)	尸	3	8	4급
	堀	파다 굴	削株堀根(삭주굴근)	土	3	11	특급
	窟	동굴(洞窟) 굴	巢窟(소굴)	穴	5	13	2급
	掘	파다 굴	探掘(채굴)	扌	3	11	2급

41. 山

▶ 산	山	메 산	山川(산천)	山	3	3	8급
	汕	오구(그물의 하나) 산		氵	3	6	특급
	疝	산증(疝症) 산	疝痛(산통)	疒	5	8	1급
선	仙	신선·뛰어나다 선	仙女(선녀)	亻	2	5	5급

은	誾	다투다 은		言	7	10	특급
기	豈	어찌 기 즐기다 개	豈敢(기감) 豈樂(개락)	豆	7	10	3급
단	耑	끝 단	耑倪(단예)	而	6	9	

42. 川

▶	천	川	내 천	川谷(천곡)	川	3	3	7급
		玔	옥고리 천		王	4	7	특급
		釧	팔찌 천	手釧(수천)	金	8	11	2급
		泉	샘 천	= 泉	白	5	8	
	훈	訓	가르치다 훈	訓鍊(훈련)	言	7	10	6급
	순	順	순하다 순	順序(순서)	頁	9	12	5급
		馴	길들이다 순	馴致(순치)	馬	10	13	1급

43. 工

▶	공	工	장인 공	工夫(공부)	工	3	3	7급
		功	공적·보람 공	功德(공덕)	力	2	5	6급
		邛	수고하다·언덕 공		阝	3	6	특급
		攻	치다 공	攻防(공방)	攵	4	7	4급

		貢	바치다 공		貢獻(공헌)	貝	7	10	3급
▶	강	江	강 강		江山(강산)	氵	3	6	7급
		茳	천궁 모종 강			++	4	10	
	홍	鴻	기러기 홍		鴻雁(홍안)	鳥	11	17	3급
▶	공	空	비다 공		空間(공간)	穴	5	8	7급
		悾	정성(精誠) 공		悾款(공관)	忄	3	11	특급
		控	당기다·빼다 공		控除(공제)	扌	3	11	특급
	강	腔	속이 비다 강		腹腔(복강)	肉	4	12	1급
		腔	골짜기 강			广	3	11	
		骫	꼬리뼈 강			骨	10	18	

44. 己

己	기	己	몸 기		自己(자기)	己	3	3	5급
		屺	민둥산 기	陟岵陟屺(척호척기)		山	3	6	특급
		忌	꺼리다 기		忌避(기피)	心	4	7	3급
		杞	구기자(枸杞子) 기		杞憂(기우)	木	4	7	1급
		玘	패옥(佩玉)·노리개 기			王	4	7	특급
		芑	흰 차조·상추 기		磁芑(자기)	++	4	7	특급

	紀	벼리 기	紀念(기념)	糸	6	9	4급
▶	記	기록하다 기	記錄(기록)	言	7	10	**7급**
	起	일어나다 기	起床(기상)	走	7	10	4급
이	异	다르다 이		廾	3	6	특급
비	圮	무너지다 비	圮壞(비괴)	土	3	6	특급
	妃	왕비 비 짝 배	王妃(왕비) 妃匹(배필)	女	3	6	3급
개	改	고치다 개	改革(개혁)	攵	4	7	5급
배	配	나누다·짝 배	配慮(배려)	酉	7	10	4급

45. 幺

幺	요	幺	작다·어리다 요	幺船(요선)	幺	3	3	
	유	幺幺	미세하다 유; 이 자		幺	3	6	
▶	후	後	뒤 후	午後(오후)	彳	3	9	**7급**
	곡	毊	누이지 않은 삼실 곡		麻	11	20	

46. 廾

廾	공	廾	양손으로 받들다 공		廾	3	3	
	예	羿	날아오르다·사람 이름 예		羽	6	9	특급
	주	驟	발이 흰 말·(발을)매다 주 驟足(주족)		馬	10	13	특급
奔	고	奔	방자하다 고/놓다 호		大	3	6	
	곡	崏	산 곡		山	3	9	
	망	莽	풀·우거지다 망 草莽之臣(초망지신)		艹	4	12	특급
昇	구	昇	그릇 구		目	5	8	
▶	산	算	셈 산	算數(산수)	竹	6	14	7급

47. 彐

彐	계	彐	돼지머리 계		彐	3	3	
		彑	돼지머리 계		彐	3	3	
		彐	돼지머리 계		彐	3	3	
雪	설	雪	눈 설	白雪(백설)	雨	8	11	6급
		艝	썰매 설		舟	6	17	

		轌	썰매 설		車	7	18	
		鱈	대구(大口) 설		魚	11	22	
▶	사	事	일·섬기다·부리다 사	事件(사건)	亅	1	8	7급
		剚	칼을 꽂다 사		刂	2	10	
		鍦	찌르다 사		金	8	16	

48. 冃

冃	모	冃	겹으로 덮다 모		冂	2	3	
		扻	가지다 모		扌	3	6	
▶	동	同	한가지·같다 동	同感(동감)	口	3	6	7급
		胴	큰창자·몸통 동	胴體(동체)	肉	4	10	1급
		桐	오동나무 동	梧桐(오동)	木	4	10	2급
		烔	뜨겁다 동		火	4	10	특급
		銅	구리 동	銅像(동상)	金	8	14	4급
		侗	정성·성실하다 동 크다 통	侗然(동연) 侗長(통장)	亻	2	8	특급
▶		洞	골 동 밝다 통	空洞(공동) 洞察(통찰)	氵	3	9	7급
	통	恫	슬프다 통 으르다 동	恫憂(통우) 恫恐(동공)	忄	3	9	특급
		筒	대통·통발 통	筆筒(필통)	竹	6	12	1급

49. 千

	천	千	일천 천	千古(천고)	十	2	3	**7급**
		仟	일천·두둑 천	仟伯(천백)	亻	2	5	특급
		阡	두렁·두둑 천	阡陌(천맥)	阝	3	6	특급
	년	秊	해(年) 년		禾	5	8	특급
	발	癹	달리다 발	爰(원)	又	2	5	
臿	삽	臿	가래 삽	飯臿(반삽)	臼	6	9	
		揷	꽂다 삽	揷畫(삽화)	扌	3	12	2급
		歃	마시다 삽	歃金(삽금)	欠	4	13	특급
		鍤	가래 삽		金	8	17	
▶	중	重	무겁다 중	重量(중량)	里	7	9	**7급**
		蝩	여름누에·메뚜기 중		虫	6	15	
	종	尰	수중다리·부어오르다 종		尢	3	12	특급
		腫	종기(腫氣) 종	腫瘍(종양)	肉	4	13	1급
		種	씨 종	種類(종류)	禾	5	14	5급
		踵	발꿈치 종	擧踵(거종)	𧾷	7	16	1급
		鍾	쇠북·술잔 종	茶鍾(차종)	金	8	17	4급

	충	衝	찌르다 충	衝突(충돌)	行	6	15	3급
		揰	밀어치다 충		扌	3	12	
	동	董	감독(監督)하다 동	骨董(골동)	⧺	4	13	2급
		鮦	가물치 동		魚	11	20	
▶	동	動	움직이다 동	動物(동물)	力	2	11	7급
		喠	노래하다 동		口	3	14	
		僮	굼닐다 동		亻	2	13	
	통	慟	서러워하다 통	慟哭(통곡)	忄	3	14	1급
		懂	서러워하다 통		心	4	15	
熏	훈	熏	불길 훈	熏香(훈향)	灬	4	14	2급
		勳	공(功) 훈	勳章(훈장)	力	2	16	2급
		壎	질나팔(喇叭) 훈	壎篪(훈지)	土	3	17	2급
		燻	연기끼다 훈	燻製(훈제)	火	4	18	특급
		薰	香草(향초)·솔솔불다 훈	薰風(훈풍)	⧺	4	18	2급
		纁	분홍빛 훈	纁繒(훈증)	糸	6	20	특급
		鑂	금빛바래다 훈		金	8	22	특급
		醺	술에 취하다 훈		酉	7	21	

50. 亡

亡	망	亡	잃다·망하다 망	亡國(망국)	亠	2	3	5급
		妄	망령(妄靈)되다 망	妄言(망언)	女	3	6	3급
		忙	바쁘다 망	忙中閑(망중한)	忄	3	6	3급
		邙	북망산 망	北邙山(북망산)	阝	3	6	특급
		忘	잊다 망	忘却(망각)	心	4	7	3급
		芒	까끄라기 망	芒種(망종)	艹	4	7	1급
	맹	氓	백성 맹	村氓(촌맹)	氏	4	8	특급
		盲	소경·눈멀다 맹	盲人(맹인)	目	5	8	3급

51. 心

▶ 심	心	마음 심	心身(심신)	心	4	4	7급
	沁	스며들다 심	沁泄(심설)	氵	3	7	특급
	芯	골풀 심	鉛筆芯(연필심)	++	4	8	특급

52. 手

▶ 수	手	손 수	手帖(수첩)	手	4	4	7급
	桿	수갑 수		木	4	8	
부	抙	모으다 부		扌	3	7	
	麩	밀기울 부		麥	11	15	
간	看	보다 간	看板(간판)	目	5	9	4급

53. 文

▶ 문	文	글월 문	文化(문화)	文	4	4	7급
	汶	물 이름 문	汶山(문산)	氵	3	7	2급
	炆	따뜻하다 문		火	4	8	특급
	紋	무늬 문	紋章(문장)	糸	6	10	3급

	紊	어지럽다 문	紊亂(문란)	糸	6	10	2급
	蚊	모기 문	見蚊拔劍(견문발검)	虫	6	10	1급
	雯	구름무늬 문	雯華(문화)	雨	8	12	특급
린	吝	아끼다 린	吝嗇(인색)	口	3	7	1급
민	忞	힘쓰다 민/어지럽다 문	忞忞(문문)	心	4	8	특급
	旻	하늘 민	旻天(민천)	日	4	8	2급
	旼	화(和)하다 민	旼旼(민민)	日	4	8	2급
	玟	옥돌 민	玟瑰(민괴)	王	4	8	2급

54. 斤

斤 근	斤	도끼·날(刃) 근	斤斧(근부)	斤	4	4	3급
	劤	힘·힘세다 근		力	2	6	특급
	芹	미나리 근	獻芹(헌근)	艹	4	8	특급
	近	가깝다 근	近接(근접)	辶	4	8	6급
	靳	가슴걸이 근	靳閟(근비)	革	9	12	
은	斨	모탕 은/질	質(질)	斤	4	8	
	虤	범의 소리 은		虍	6	12	
	齗	잇몸 은	치은(齒齗)	齒	15	19	
흔	忻	기쁘다 흔	忻樂(흔락)	忄	3	7	특급

	昕	새벽 흔	昕旦(흔단)	日	4	8	특급
	欣	기쁘다 흔	欣快(흔쾌)	欠	4	8	1급
	炘	화끈거리다 흔	炘然(흔연)	火	4	8	특급
기	圻	경기(京畿) 기	圻甸(기전)	土	3	7	특급
	沂	물 이름 기 지경 은	沂水(기수) 沂鄂(은악)	氵	3	7	2급
	旂	깃발 기	旂竿(기간)	方	4	10	특급
	㫃	나부끼다 언		方	4	6	
	祈	빌다 기	祈禱(기도)	示	5	9	3급
	頎	헌걸차다 기	頎秀(기수)	頁	9	13	특급
구	丘	언덕 구	丘陵(구릉)	一	1	5	3급
석	析	쪼개다 석	分析(분석)	木	4	8	3급
절	折	꺾다 절	折衷(절충)	扌	3	7	4급
▶ 소	所	바 소	所得(소득)	戶	4	8	7급
	晰	밝다 소		日	4	12	
	齭	이가 시리다 소		齒	15	23	

55. 方

▶ 방	方	모·네모 방	方向(방향)	方	4	4	7급

坊	동네 방		坊曲(방곡)	土	3	7	1급
妨	방해하다 방		妨害(방해)	女	3	7	4급
彷	헤매다 방		彷徨(방황)	彳	3	7	1급
防	막다 방		防止(방지)	阝	3	7	4급
房	방 방		廚房(주방)	戶	4	8	4급
昉	밝다 방			日	4	8	1급
肪	살찌다 방		脂肪(지방)	肉	4	8	1급
枋	다목 방		門地枋(문지방)	木	4	8	1급
芳	꽃답다 방		芳春(방춘)	++	4	8	3급
紡	길쌈 방		紡織(방직)	糸	6	10	2급
舫	방주(方舟) 방		畫舫(화방)	舟	6	10	특급
訪	찾다 방		訪問(방문)	言	7	11	4급
雱	눈이 내리다 방		雱雱(방방)	雨	8	12	특급
魴	방어 방		魴魚(방어)	魚	11	15	특급
祊 팽	제사(祭祀) 팽		祊田(팽전)	示	5	9	특급
放 방 放	놓다 방		放送(방송)	攵	4	8	6급
倣	본뜨다 방	倣似(방사)	模倣(모방)	亻	2	10	3급

56. 日

▶	일	日	날 일	日記(일기)	日	4	4	8급
		馹	역말(驛馬) 일	馹騎(일기)	馬	10	14	특급
	경	炅	빛나다 경	炅然(경연)	火	4	8	2급
	골	汩	골몰하다 골 물 이름 멱	汩沒(골몰) 汩水(멱수)	氵	3	7	1급
	묘	杳	아득하다 묘	杳然(묘연)	木	4	8	1급
	고	杲	밝다 고/호	杲杲(고고)	木	4	8	특급
	광	炚	빛 광	光(광)의 속자	火	4	8	특급
▶	동	東	동녘 동	東海(동해)	木	4	8	8급
		凍	얼다 동	凍死(동사)	氵	2	10	3급
		棟	마룻대 동	病棟(병동)	木	4	12	2급
		蝀	무지개 동	蝃蝀(체동)	虫	6	14	특급
▶	간	間	사이 간	瞬間(순간)	門	8	12	7급
		澗	산골 물 간	溪澗(계간)	氵	3	15	1급
		癎	간질 간	癎疾(간질)	疒	5	17	1급
		磵	시내(澗) 간	磵道(간도)	石	5	17	특급
		簡	대쪽·간략(簡略)하다 간	簡易(간이)	竹	6	18	4급

57. 月

▶	월	月	달 월	月光(월광)	月	4	4	8급
		刖	발꿈치베다 월	刖刑(월형)	刂	2	6	특급
		跀	발을 베다 월		跇	7	11	
朋	붕	朋	벗 붕	朋友(붕우)	月	4	8	3급
		棚	사다리 붕	棚架(붕가)	木	4	12	1급
		硼	붕사 붕	硼砂(붕사)	石	5	13	1급
		鵬	새 붕	鵬鳥(붕조)	鳥	11	19	2급
崩	붕	崩	무너지다 붕	崩壞(붕괴)	山	3	11	3급
		繃	묶다 붕	繃帶(붕대)	糸	6	17	1급
		塴	묻다 붕		土	3	14	
		襻	묻다 붕		ネ	5	16	

58. 木

▶	목	木	나무 목	木材(목재)	木	4	4	8급
		絉	노끈 목		糸	6	10	

	송	宋	성씨 송		宋書(송서)	宀	3	7	2급
	상	床	평상 상		平床(평상)	广	3	7	4급
		牀	평상 상		평상(平牀)	爿	4	8	특급
	얼	臬	말뚝·기둥 얼		臬極(얼극)	自	6	10	특급
	곤	困	곤하다 곤		困難(곤란)	囗	3	7	4급
▶	휴	休	쉬다·그치다 휴		休假(휴가)	亻	2	6	**7급**
		咻	지껄이다 휴		衆嘲群咻(중조군휴)	口	3	9	특급
		烋	아름답다 휴/거들먹거리다 효			灬	4	10	2급
	다	茶	차 차/다		茶禮(차례) 茶母(다모)	++	4	10	3급
呆	매	呆	어리석다 매		痴呆(치매)	口	3	7	1급
	포	襃	기리다 포		襃獎(포장)	衣	6	17	특급
		裒	모으다 부			衣	6	12	
		臼	깍지를 끼다 국/곡			臼	6	7	
▶	림	林	수풀 림		林野(임야)	木	4	8	**7급**
		淋	임질 림		淋疾(임질)	氵	3	11	1급
		琳	아름다운 옥 림		琳闕(임궐)	王	4	12	특급
		霖	장마 림		霖雨(임우)	雨	8	16	특급
	빈	彬	빛나다·아름답다 빈		彬彧(빈욱)	彡	3	11	2급

	분	焚	불사르다 분	焚身(분신)	火	4	12	1급
	록	麓	산기슭 록	短麓(단록)	鹿	11	19	1급
森	삼	森	수풀 삼	森林(삼림)	木	4	12	3급
		傪	춥다 삼		亻	2	14	
		滲	춥다 삼		氵	2	14	
禁	금	禁	금하다 금	禁煙(금연)	示	5	13	4급
		襟	옷깃·가슴 금	胸襟(흉금)	衤	5	18	1급
		澿	쌀쌀하다 금		氵	2	15	
		噤	입을 다물다 금		口	3	16	
▶	래	來	오다 래	來日(내일)	人	2	8	7급
		从	따르다 종	= 從(종)	人	2	4	
		倈	오다·위로하다 래		亻	2	10	특급
		勑	위로하다 래		力	2	10	특급
		崍	산 이름 래		山	3	11	특급
		徠	오다 래	招徠(초래)	彳	3	11	특급
		萊	명아주 래	萊蕪(내무)	++	4	12	2급
		騋	큰 말 래		馬	10	18	특급
	뢰	賚	주다 뢰	賚賜(뇌시)	貝	7	15	특급

		癘	염병 려		疒	5	9

59. 毋

毋	무	毋	말다·아니다 무		毋	4	4	1급
	관	盥	대야 관		皿	5	10	
婁	루	婁	끌다·별 이름 루	婁宿(누수)	女	3	11	특급
		如	같다 여		女	3	5	
		屢	여러 루	屢次(누차)	尸	3	14	3급
		摟	끌어 모으다·안다 루	摟抱(누포)	扌	3	14	특급
		樓	다락·망루(望樓) 루	樓閣(누각)	木	4	15	3급
		蔞	물쑥 루	瓜蔞(과루)	++	4	15	특급
		瘻	부스럼 루	瘻孔(누공)	疒	5	16	특급
		褸	남루하다 루	襤褸(남루)	礻	5	16	특급
		縷	실오리 루	絲縷(사루)	糸	6	17	특급
		鏤	새기다 루	鏤板(누판)	金	8	19	특급
▶	수	數	세다 수 자주 삭 촘촘하다 촉	數値(수치) 數窮(삭궁) 數罟(촉고)	攵	4	15	7급
		藪	늪·수풀 수	川藪(천수)	++	4	19	특급

嗽	들이마시다 수			口	3	18
癯	여위다 수			疒	5	20

60. 氏

氏	씨	氏	각시·성씨 씨	氏族(씨족)	氏	4	4	4급
▶	지	紙	종이 지	紙幣(지폐)	糸	6	10	7급
	기	祇	지신 기 다만 지	阿僧祇耶(아승기야) 地祇(지기)	示	5	9	특급
		軝	바퀴통 머리 기		車	7	11	특급
昏	혼	昏	어둡다 혼	昏迷(혼미)	日	4	8	3급
		婚	혼인하다 혼	婚姻(혼인)	女	3	11	4급
		惛	흐리다 혼 번민하다 민	惛亂(혼란) 惛憂(민우)	忄	3	11	특급
	민	瘖	병들다 민		疒	5	13	특급
		捪	씻다 민		扌	3	11	

61. 水

▶	수	水	물 수	水位(수위)	水	4	4	8급
	답	畓	논 답	田畓(전답)	田	5	9	3급

뇨	尿	오줌 뇨	泌尿器科(비뇨기과)	尸	3	7	2급
관	盥	대야·씻다 관	盥(관)	皿	5	9	

62. 火

▶ 화	火	불 화	火災(화재)	火	4	4	8급
	伙	세간·기물 화		亻	2	6	
전	畑	화전(火田) 전		田	5	9	특급
▶ 추	秋	가을 추	秋夕(추석)	禾	5	9	7급
	湫	늪·웅덩이 추 낮다 초	湫水(추수) 湫室(초실)	氵	3	12	특급
	楸	가래나무 추	楸葉(추엽)	木	4	13	2급
	萩	다북쑥 추	萩室(추실)	++	4	13	특급
	甃	벽돌 추	甃甎(추전)	瓦	5	14	특급
	鰍	미꾸라지 추	鰍魚(추어)	魚	11	20	1급
	鶖	무수리 추	鵚鶖(독추)	鳥	11	20	특급
수	愁	근심 수	愁心(수심)	心	4	13	3급

63. 父

▶ 부	父	아비 부	父母(부모)	父	4	4	8급
	斧	도끼 부	磨斧爲針(마부위침)	斤	4	8	1급
	釜	가마(鬴) 부	釜山(부산)	金	8	10	2급
	哎	씹다 부		口	3	7	
	雊	공작새 부		隹	8	12	
交 교	交	사귀다 교	交際(교제)	亠	2	6	6급
	佼	예쁘다·업신여기다 교	佼人(교인)	亻	2	8	특급
	咬	물다(齧)·새소리 교	咬齒(교치)	口	3	9	1급
	姣	아름답다·아양부리다 교	姣童(교동)	女	3	9	특급
	狡	교활하다 교	狡猾(교활)	犭	3	9	1급
	郊	들판 교	郊外(교외)	阝	3	9	3급
▶	校	학교 교	學校(학교)	木	4	10	8급
	茭	꼴 교 풀뿌리 효	茭牧(교목)	++	4	10	특급
	皎	(달이) 밝다 교	皎朗(교랑)	白	5	11	1급
	絞	목매다 교 염습 효	絞首(교수) 絞衾(효금)	糸	6	12	2급
	蛟	교룡 교	蛟龍(교룡)	虫	6	12	1급
	較	견주다·비교하다 교 겨루다 각	比較(비교) 較親(각친)	車	7	13	3급

		餃	교자(餃子) 교	餃飴(교이)	食	9	15	특급
		鮫	상어 교	鮫皮(교피)	魚	11	17	특급
	요	突	구석 요		宀	3	9	
	효	効	본받다 효(效)	無効(무효)	力	2	8	특급
效	효	效	본받다 효	效果(효과)	攵	4	10	5급
		傚	본받다 효		亻	2	12	특급

64. 犬

犬	견	犬	개 견		犬	4	4	4급
		畎	밭고랑 견	靑畎(청견)	田	5	9	특급
	연	肰	개고기 연		肉	4	8	
▶	연	然	그러하다 연	自然(자연)	灬	4	12	**7급**
		燃	타다 연	燃燒(연소)	火	4	16	4급
		傼	황겁하다 연		亻	2	14	
	년	撚	비비다 년	撚絲(연사)	扌	3	15	1급
		蹨	짓밟다 년		𧾷	7	19	

65. 牛

牛	우	牛	소 우		牛馬(우마)	牛	4	4	5급
		芊	풀 이름 우			⺿	4		
		犩	귀신 우			鬼	10		
		鮵	철갑상어 우			魚	11		
	건	件	구분하다·물건 건		件數(건수)	亻	2	6	5급
▶	선	先	먼저 선		先見(선견)	儿	2	6	8급
		毨	고르다·가리다·털을 갈다 선			毛	4	10	특급
		珗	옥돌 선			王	4	10	특급
		詵	(말이)많다·전하다 선			言	7	13	특급
		跣	맨발 선		徒跣(도선)	⻊	7	13	특급
		銑	무쇠 선		銑鐵(선철)	金	8	14	1급
	세	洗	씻다 세/선	洗手(세수)	洗足(선족)	氵	3	9	5급
	신	侁	걷는 모양 신			亻	2	8	특급
		駪	많다 신		駪駪(신신)	馬	10	16	특급
兟	신	兟	나아가다 신			儿	2	12	
	체	替	대신(代身)하다 체			曰	4	16	

贊	찬	贊	돕다 찬	贊反(찬반)	貝	7	19	3급
		巑	높이 솟다 찬		山	3	22	특급
		瓚	옥잔 찬	瓚盤(찬반)	王	4	23	2급
		纘	잇다 찬	纘守(찬수)	糸	6	25	특급
		讚	기리다 찬	讚揚(찬양)	言	7	26	4급
		鑽	뚫다 찬	鑽灼(찬작)	金	8	27	2급

66. 王

▶	왕	王	임금 왕	王朝(왕조)	王	4	4	8급
		汪	넓다 왕	汪洋(왕양)	氵	3	7	2급
		旺	왕성하다 왕	旺盛(왕성)	日	4	8	2급
		枉	굽다 왕	枉曲(왕곡)	木	4	8	1급
	광	迂	속이다 광/가다 왕	왕	辶	4	8	특급
	롱	弄	희롱하다 롱	弄談(농담)	廾	3	7	3급
	욱	頊	삼가다 욱	頊頊(욱욱)	頁	9	13	2급
▶	주	主	주인·임금·등불 주	主客(주객)	丶	1	5	7급
▶		住	살다·머무르다 주	住居(주거)	亻	2	7	7급
		姝	예쁘다 주		女	3	8	특급

		柱	기둥 주	柱礎(주초)	木	4	9	3급
		炷	심지 주	心炷(심주)	火	4	9	특급
		註	글뜻풀다 주	註解(주해)	言	7	12	1급
		駐	머무르다 주	駐屯(주둔)	馬	10	15	2급
注	주	注	붓다 주	注意(주의)	氵	3	8	6급
		霪	장마 주	甘霪(감주)	雨	8	16	특급
往	왕	往	가다 왕	往來(왕래)	彳	3	8	4급
		悜	교활하다 왕		忄	3	11	
		旺	빛이 곱다 왕		日	4	12	
		眶	보다 왕		目	5	13	
▶	전	全	온전·온통 전	全景(전경)	入	2	6	**7급**
		佺	신선 이름 전		亻	2	8	특급
		栓	마개 전	栓木(전목)	木	4	10	1급
		牷	희생(犧牲) 전	牲牷(생전)	牛	4	10	특급
		荃	향초(香草) 전	荃聽(전청)	++	4	10	특급
		筌	통발 전	得魚忘筌(득어망전)	竹	6	12	특급
		詮	갖추다 전	詮告(전고)	言	7	13	특급
		銓	사람가리다 전	銓衡(전형)	金	8	14	1급

67. 天

▶	천	天	하늘 천	天地(천지) 天命(천명)		大	3	4	7급
		眪	쳐다보다 천			目	5	9	
		蚿	지렁이 천			虫	6	10	
		誟	큰 소리로 꾸짖다 천			言	7	11	
关	소	关	웃다 소/관계하다 관			八	2	6	
		唉	웃다 소		笑의 고자	口	3	9	
	짐	朕	나 짐		兆朕(조짐)	月	4	10	1급
		艕	나 짐			舟	6	12	
	관	関	관계하다 관			門	8	14	

68. 夫

▶	부	夫	지아비·사내 부	夫婦(부부)	大	3	4	7급
		扶	돕다 부	扶助(부조)	扌	3	7	3급
		芙	연꽃 부	芙蓉(부용)	++	4	8	1급
		跗	가부좌하다 부	跏趺坐(가부좌)	𧾷	7	11	특급
		鈇	도끼 부	竊鈇(절부)	金	8	12	특급

規	규	規	법 규	規定(규정)	見	7	11	5급
		槻	물푸레나무 규	槻木(규목)	木	4	15	특급
		窺	엿보다 규	窺視(규시)	穴	5	16	1급
		闚	엿보다 규	闚看(규간)	門	8	19	특급

69. 少

▶	소	少	적다 소	少數(소수)	小	3	4	7급
		躺	몸 소		身	7	11	
	초	抄	뽑다 초	抄本(초본)	扌	3	7	3급
		炒	볶다 초	炒乾(초건)	火	4	8	1급
		秒	분초 초 까끄라기 묘	秒速(초속) 秒忽(묘홀)	禾	5	9	3급
	묘	妙	묘하다·젊다 묘	巧妙(교묘)	女	3	7	4급
		竗	묘하다(妙) 묘		立	5	9	특급
	사	砂	모래 사	砂丘(사구)	石	5	9	특급
		紗	비단 사	紗帽(사모) 毛紗(모사)	糸	6	10	1급

70. 勿

| 勿 | 물 | 勿 | 말다·없다·바쁘다 물 | 勿須(물수) | 勹 | 2 | 4 | 3급 |

		沕	아득하다 물		沕穆(물목)	氵	3	7	특급
▶		物	물건(物件) 물		物質(물질)	牛	4	8	**7급**
	문	刎	목을 베다 문		刎頸(문경)	刂	2	6	특급
		吻	입술 문		厲吻(여문)	口	3	7	특급
	홀	笏	홀(笏) 홀		笏記(홀기)	竹	6	10	1급
		匈	헌 그릇 홀			匚	2	6	
昜	양	昜	볕 양		昜骨(양골)	日	4	9	특급
		揚	날리다 양 揚名(양명)	浮揚(부양)	扌	3	12	3급
		陽	볕 양		陽曆(양력)	阝	3	12	6급
		暘	해돋다 양		暘谷(양곡)	日	4	13	특급
		楊	버들 양		楊柳(양류)	木	4	13	3급
		煬	쬐다·(쇠가)녹이다 양	煬爥(양요)	火	4	13	특급
		瘍	헐다·종기 양		腫瘍(종양)	疒	5	14	1급
		鍚	당노·말의 이마치장 양	鍚面(양면)	金	8	17	특급
		颺	날리다 양 颺扇(양선)	飄颺(표양)	風	9	18	특급
	당	糃	정미(精米) 당			米	6	15	
	탕	蝪	땅거미 탕			虫	6	15	특급
		愓	방자하다 탕·빠르다 상		忄	4	13	
	상	殤	상하다 상			歹	5	14	

▶	장	場	마당 장	場所(장소)	場面(장면)	土	3	12	7급
		腸	창자 장		肝腸(간장)	肉	4	13	4급

71. 中

▶	중	中	가운데 중		中央(중앙)	丨	1	4	8급
		仲	버금·가운데 중		仲介(중개)	亻	2	6	3급
	충	怵	근심하다 충		怔忡症(정충증)	忄	3	7	특급
		沖	화(和)하다·어리다 충		沖年(충년)	氵	3	7	2급
		忠	충성 충		忠誠(충성)	心	4	8	4급
		衷	속마음 충		衷心(충심)	衣	6	10	2급

72. 不

▶	부	不	아니다 부/불	不德(부덕)	不眠(불면)	一	1	4	7급
		苤	질경이 부		苤苢(부이)	++	4	8	특급
		紑	깨끗하다·산뜻하다 부			糸	6	10	특급
	배	杯	잔(盞) 배		苦杯(고배)	木	4	8	3급
		盃	잔 배		毒盃(독배)	皿	5	9	특급

73. 玄

玄	현	玄	검다 현	玄米(현미)	玄	5	5	3급
		弦	시위 현	弦樂(현악)	弓	3	8	2급
		炫	밝다 현	炫幻(현환)	火	4	9	2급
		眩	어지럽다 현 요술 환	眩氣(현기) 幻과 동자	目	5	10	1급
		絃	줄 현	絃樂(현악)	糸	6	11	3급
		衒	자랑하다 현	衒學(현학)	行	6	11	1급
		鉉	솥귀 현	鉉席(현석)	金	8	13	2급

74. 生

▶	생	生	나다 생	生死(생사)	生	5	5	8급
		牲	희생 생	犧牲(희생)	牛	4	9	1급
		眚	흐리다·재앙 생	眚災(생재)	目	5	10	특급
		笙	생황 생	笙簧(생황)	竹	6	11	특급
▶	성	姓	성씨 성	姓氏(성씨)	女	3	8	7급
		性	성품 성	性品(성품)	忄	3	8	5급
	정	旌	깃발·나타나다 정	旌善(정선)	方	4	11	2급

		㫖	나부끼다 언		方	4	6	
	청	狌	개다 청		夕	3	8	
	신	狌	수두룩하다 신		生	5	10	특급
星	성	星	별 성	衛星(위성)	日	4	9	4급
		惺	깨달다 성	惺憁(성총)	忄	3	12	특급
		猩	성성이 성	猩脣(성순)	犭	3	12	특급
		腥	비리다 성	腥膻(성전)	肉	4	13	특급
		瑆	옥빛 성		王	4	13	특급
		醒	깨다 성	覺醒(각성)	酉	7	16	1급

75. 白

▶	백	白	희다 백	白雪(백설)	白	5	5	8급
		伯	맏 백 두목 패	伯父(백부) 伯主(패주)	亻	2	7	3급
		柏	측백나무 백	側柏(측백)	木	4	9	2급
		魄	넋 백	魂魄(혼백)	鬼	10	15	1급
	박	拍	치다 박	拍手(박수)	扌	3	8	4급
		迫	핍박하다 박	逼迫(핍박)	辶	4	9	3급
		粕	지게미 박	糟粕(조박)	米	6	11	1급

舶		배 박	船舶(선박)	舟	6	11	2급
鉑		금박 박	금박(金箔)	金	8	13	특급

76. 立

▶	립	立	서다 립	立春(입춘)	立	5	5	**7급**
		苙	구릿대 립		++	4	9	특급
		砬	돌 소리 립		石	5	10	특급
		笠	삿갓 립	敝袍破笠(폐포파립)	竹	6	11	1급
		粒	낟알 립	粒子(입자)	米	6	11	1급
	랍	拉	끌다 랍	拉致(납치)	扌	3	8	2급
	삽	颯	바람소리 삽	颯拂(삽불)	風	9	14	특급
	읍	泣	울다 읍	泣訴(읍소)	氵	3	8	3급
	익	翊	돕다 익	翊戴(익대)	羽	6	11	2급
		翌	다음날 익	翌日(익일)	羽	6	11	1급
	정	靖	편안하다·다스리다 정	靖國(정국)	靑	8	13	1급

77. 可

可	가	可	옳다 가	可否(가부)	口	3	5	5급

		丁	넷째천간 정			一	1	2
		呵	꾸짖다 가	呵責(가책)	口	3	8	1급
		柯	가지 가	柯葉(가엽)	木	4	9	2급
		珂	마노(瑪瑙) 가	珂鄕(가향)	王	4	9	특급
		苛	가혹하다 가	苛酷(가혹)	++	4	9	1급
		訶	꾸짖다 가	訶譴(가견)	言	7	12	특급
		軻	수레·사람 이름 가	孟軻(맹가)	車	7	12	2급
	아	阿	언덕·알랑거리다 아	阿諂(아첨)	β	3	8	3급
		錒	노구솥 아		金	8	13	
何	하	何	어찌·무엇 하	何等(하등)	亻	2	7	3급
		荷	메다 하	荷重(하중)	++	4	11	3급
		呵	꾸짖다 하		口	3	10	
河	하	河	물 하	河川(하천)	氵	3	8	5급
		菏	무(채소)·늪 이름 하		++	4	12	특급
哥	가	哥	성씨 가		口	3	10	1급
▶		歌	노래 가	歌手(가수)	欠	4	14	**7급**
		謌	노래 가		言	7	17	
		滒	진창 가		氵	3	13	

78. 甲

甲	갑	甲	첫째천간·갑옷 갑	甲骨(갑골)	田	5	5	4급
		匣	갑(匣)·우리 갑	掌匣(장갑)	匸	2	7	1급
		岬	곶(串) 갑	沙岬(사갑)	山	3	8	2급
		胛	어깻죽지 갑	肩胛(견갑)	肉	4	9	특급
		鉀	갑옷 갑	破鉀榴彈(파갑유탄)	金	8	13	2급
		閘	수문 갑	閘頭(갑두)	門	8	13	1급
	압	押	누르다 압	押收(압수)	扌	3	8	3급
		狎	익숙하다·친압하다 압	狎昵(압닐)	犭	3	8	특급
		鴨	오리 압	鴨綠江(압록강)	鳥	11	16	2급
	합	柙	짐승우리 합		木	4	9	특급
禺	우	禺	원숭이 우·땅 이름 옹	禺淵(우연)	内	5	9	
		偶	짝·무리·우연 우	偶然(우연)	亻	2	11	3급
		堣	모퉁이·구석 우		土	3	12	특급
		寓	부치다 우	寓話(우화)	宀	3	12	1급
		嵎	산굽이 우	嵎夷(우이)	山	3	12	1급
		隅	모퉁이 우	四隅(사우)	阝	3	12	1급
		愚	어리석다 우	愚弄(우롱)	心	4	13	3급

		한자	훈음	용례	부수			급수
		遇	만나다 우	待遇(대우)	辶	4	13	4급
		禑	복 우	禑王(우왕)	示	5	14	특급
	옹	顒	엄숙하다·우러르다 옹	顒祝(옹축)	頁	9	18	특급
耦	우	耦	나란히 가다·짝 우	耦耕(우경)	耒	6	15	특급
		藕	연뿌리 우	藕花(우화)	++	4	19	특급
▶	만	萬	일만·많다 만	萬物(만물)	++	4	13	8급
		鏋	금 만		金	8	21	
	매	勱	힘쓰다 매		力	2	15	특급
		邁	가다 매	邁進(매진)	辶	4	17	1급
	채	蠆	전갈·벌(蜂) 채	蠆毒(채독)	虫	6	19	특급
厲	려	厲	(숫돌로) 갈다 려		厂	2	15	특급
		勵	힘쓰다 려 勵獎(여장)	激勵(격려)	力	2	17	3급
		礪	숫돌 려	礪石(여석)	石	5	20	2급
		蠣	굴 려	蠣殼(여각)	虫	6	21	특급

79. 且

且	차	且	버금·또 차	且看(차간)	一	1	5	3급
		冃	모자 모		冂	2	4	
		虘	모질다 차		虍	6	11	
	저	咀	씹다·저주하다 저	咀嚼(저작)	口	3	8	1급
		姐	누이 저	小姐(소저)	女	3	8	특급
		狙	원숭이·노리다 저	狙擊(저격)	犭	3	8	1급
		疽	종기(腫氣) 저	壞疽(괴저)	疒	5	10	특급
		砠	돌산 저		石	5	10	특급
		罝	그물 저		罒	5	10	특급
		詛	저주하다 저	詛呪(저주)	言	7	12	1급
		雎	물수리 저	雎鳩(저구)	隹	8	13	특급
		趄	머뭇거리다 저		走	7	12	
		齟	어긋나다 저/서	齟齬(저어)	齒	15	20	특급
		苴	(신발 속에)깔다 저 두엄풀 자	罌苴(앵저) 糞苴(분자)	++	4	9	특급
	조	徂	가다 조	徂征(조정)	彳	3	8	특급
		阻	험하다·막히다 조	隔阻(격조)	阝	3	8	1급
		俎	도마 조	刀俎(도조)	人	2	9	특급

			훈음		용례	부수	부수획수	총획수	급수
		冫	얼음 빙			人	2	4	
		殂	죽다 조		殂落(조락)	歹	4	9	특급
▶		祖	할아비 조		祖上(조상)	示	5	10	7급
		租	조세 조/싸다 저		租稅(조세)	禾	5	10	3급
		粗	거칠다 조		粗惡(조악)	米	6	11	1급
		組	짜다 조		組織(조직)	糸	6	11	4급
助	조	助	돕다 조		助力(조력)	力	2	7	4급
		麚	어린 노루 조			鹿	11	18	
	서	鋤	호미 서	耕前鋤後(경전서후)		金	8	15	특급
		耡	호미 서			耒	6	13	
	저	箸	젓가락 저		正箸(정저)	竹	6	13	특급
		怚	교만하다 저			忄	3	10	
宜	의	宜	마땅하다 의		便宜(편의)	宀	3	8	3급
		誼	정(情) 의		友誼(우의)	言	7	15	1급
		萱	원추리 의			++	4	12	
沮	저	沮	막다 저		沮害(저해)	氵	3	8	2급
		菹	김치 저		淹菹(엄저)	++	4	12	특급
		箈	대 이름 저			竹	6	14	

宜	의	冝	마땅하다 의		宜의 약자	宀	2	7
		觟	짐승의 뿔 의			角	7	14
	첩	疊	거듭 첩		重疊(중첩)	田	5	22	1급
		畾	밭 갈피 뢰			田	5	15
釁	흔	釁	틈 흔		(同 한가지 동)	臼	6	20
	미	斖	힘쓰다 미			文	4	24
		亹	힘쓰다 미/골어귀 문		亹亹(미미)	亠	2	22	특급
	문	虋	차조 문			++	4	24

80. 北

▶	북	北	북녘 북/달아나다 배		敗北(패배)	匕	2	5	8급
		蚅	네 발 달린 게 북			虫	6	13
	배	輩	무리 배			車	7	12
		貹	어기다 배		(負 지다 부)	貝	7	14
乘	승	乘	타다·곱하다 승		乘客(승객)	丿	1	10	3급
		塍	두둑 승			田	5	15
		轋	타다 승			車	7	17

잉	剩	남다 잉	剩餘(잉여)	刂	2	12	1급
背	배	背	등 배	背馳(배치)	肉	4	9	4급
		褙	속적삼 배	塗褙(도배)	衤	5	14	특급
		偝	버리다 배		亻	2	11	

81. 夌

奏	주	奏	아뢰다 주	奏效(주효) 演奏(연주)	大	3	9	3급
		夌	음 미상		大	3	5	
		湊	모이다 주	滾湊(곤주)	氵	3	12	특급
		輳	몰려들다 주	輻輳(복주)	車	7	16	1급
		蹂	밟다 주		𧾷	7	16	
▶	춘	春	봄 춘	春夏秋冬(춘하추동)	日	4	9	**7급**
		椿	참죽나무·아버지 춘	椿葉菜(춘엽채)	木	4	13	2급
		瑃	옥 이름 춘		王	4	13	특급
		賰	넉넉하다 춘		貝	7	16	특급
	순	鬒	머리털 순		髟	10	19	
	준	惷	어수선하다 준		心	4	13	
		蠢	꾸물거리다 준	蠢動(준동)	虫	6	21	1급

82. 竹

| 竹 죽 | 竹 | 대 죽 | 竹林(죽림) | 竹 | 6 | 6 | 4급 |

83. 米

米 미	米	쌀 미	米穀(미곡)	米	6	6	6급
	敉	어루만지다 미	敉寧(미녕)	攵	4	10	특급
	麋	고라니 미	麋鹿(미록)	鹿	11	17	특급
시	屎	똥 시	屎尿(시뇨)	尸	3	9	특급
료	料	헤아리다 료	料金(요금)	斗	4	10	5급
▶ 기	氣	기운 기	感氣(감기)	气	4	10	**7급**
	暣	볕 기		日	4	14	특급
개	愾	분노하다 개/희 愾憤(개분) 愾廓之痛(희확지통)		忄	3	13	1급
	鎎	성내 싸우다 개/희		金	8	18	
희	餼	보내다 희	賑餼(진희)	食	9	19	특급
	㦥	쉬다 희		子	3	13	

84. 老

耂	로	耂	늙다 로		耂	4	4
	효	肴	안주 효		肉	6	10

▶	로	老	늙다 로	老人(노인)	老	6	6	7급
		恅	심란하다 로		忄	3	9	
		栳	버들고리 로		木	4	10	
		痨	옴 로		疒	5	11	

▶	효	孝	효도 효	孝道(효도)	子	3	7	7급
		哮	성내다 효	哮吼(효후) 咆哮(포효)	口	3	10	1급
		涍	물 이름·성씨 효		氵	3	10	특급
		酵	삭히다 효	酵素(효소)	酉	7	14	1급

85. 自

▶	자	自	스스로 자		自	6	6	7급
		躳	스스로 자		身	7	13	
		佁	우두커니 자/나 잠		亻	2	8	

		咱	우리 자/나 찰		口	3	9	
息	식	息	쉬다 식	消息(소식)	心	4	10	4급
		熄	불이 꺼지다 식	終熄(종식)	火	4	14	1급
		媳	며느리 식		女	3	13	
		膆	군살 식		月	4	14	

86. 至

至	지	至	이르다 지	夏至(하지)	至	6	6	4급
		輊	수레(숙어지다) 지		車	7	13	특급
	질	侄	어리석다 질	允侄(윤질)	亻	2	8	특급
		垤	개밋둑 질	丘垤(구질)	土	3	9	특급
		姪	조카 질	姪婦(질부)	女	3	9	3급
		挃	찌르다·벼베다 질		扌	3	9	특급
		桎	차꼬·쐐기 질	桎檻(질함)	木	4	10	1급
		絰	수질(首絰)·요질(腰絰) 질 / 墨絰(묵질)		糸	6	12	특급
		耋	늙다 질	八耋(팔질)	老	6	12	특급
		蛭	거머리 질	虹蛭(정질)	虫	6	12	특급
		銍	짧은 낫 질		金	8	14	특급

	희	咥	웃다 희 깨물다 질/절	咥咥(질희) 咥然(질연) 咥噬(절서)	口	3	9	특급
到	도	到	이르다 도	到來(도래)	刂	2	8	5급
		倒	넘어지다·거꾸로 도	倒産(도산)	亻	2	10	3급
		捯	찧다 도		扌	3	8	
		菿	거꾸러지다 도		++	4	12	
▶	실	室	집 실	敎室(교실)	宀	3	9	8급
		榁	두송(杜松) 실		木	4	13	
	질	喹	꾸짖다 질		口	3	12	
		腟	음도(陰道)·보지 질		月	4	13	

87. 臼

臼	구	臼	절구 구	臼磨(구마)	臼	6	6	1급
		粈	미숫가루 구		米	6	12	
		詯	헐뜯다 구		言	7	13	
		鵤	산비둘기 구		鳥	11	17	
臽	국	臼	깍지끼다 국/곡		臼	7	7	
		胉	실지다 국		肉	4	11	

		鋊	거멀못 국		錕의 고자	金	8	15
▶	학	學	배우다 학		學校(학교)	子	3	16	8급
		爻	점괘 효			爻	4	5
		澩	잦은 샘 학			氵	3	19
	효	斅	가르치다 효		斅學(효학)	攴	4	20	특급
		撝	어지럽다 효/흔들다 교			扌	3	19
覺	각	覺	깨닫다 각/깨다·깨우다 교	覺悟(각오)	見	7	20	4급
	교	攪	흔들다·어지럽다 교		攪亂(교란)	扌	3	23	1급
		灚	물 젓는 소리 교			氵	3	23

88. 舌

舌	설	舌	혀 설		舌戰(설전)	舌	6	6	4급
		絬	질기다 설			糸	6	12
	첨	甛	달다(甘) 첨	甛言蜜語(첨언밀어)	甘	5	11	특급
		餂	낚다·낚아내다 첨		餂喫(첨끽)	食	9	15	특급
	념	恬	편안하다 념		恬淡(염담)	忄	3	9	특급
	괄	刮	긁다·깎다 괄		刮目(괄목)	刂	2	8	1급
		括	묶다 괄		總括(총괄)	扌	3	9	1급

		栝	전나무 괄	檜栝(회괄)	木	4	10	특급
		适	빠르다 괄		辶	4	10	특급
		聒	지껄이다 괄	聒耳(괄이)	耳	6	12	특급
▶	화	話	말씀 화	話題(화제)	言	7	13	**7급**
	활	佸	이르다 활/괄		亻	2	8	특급
▶		活	살다 활	活動(활동)	氵	3	9	**7급**

89. 色

▶	색	色	빛 색	色彩(색채)	色	6	6	**7급**
		齰	이를 들어내다 색		齒	15	21	
	설	詞	말씀 설		言	7	13	
	절	絶	끊다 절	絶望(절망)	糸	6	12	4급
免	면	免	벗어나다·면하다 면 해산하다 문	免罪(면죄) 免身(문신)	儿	2	7	3급
		勉	힘쓰다 면	勉學(면학)	力	2	9	4급
		冕	면류관 면	冕旒冠(면류관)	冂	2	11	2급
		冃	모자 모		冂	2	4	
		俛	힘쓰다 면 구부리다 부	俛俛(면면) 俛視(부시)	亻	2	9	2급
	만	娩	낳다 만	分娩(분만)	女	3	10	2급

		挽	당기다 만	挽回(만회)	扌	3	10	1급
		晚	늦다 만	晚餐(만찬)	日	4	11	3급
		輓	끌다·애도하다 만	輓詞(만사)	車	7	14	1급
매		浼	더럽히다 매	若浼(약매)	氵	3	10	특급
		浼	더럽히다 매		氵	2	9	

90. 合

合	합	合	합하다 합	合計(합계)	口	3	6	6급
		哈	마시다 합		口	3	9	특급
		盒	합(盒) 합	饌盒(찬합)	皿	5	11	1급
		蛤	조개 합	紅蛤(홍합)	虫	6	12	1급
		閤	쪽문 합	閨閤之臣(규합지신)	門	8	14	특급
	협	洽	화하다·젖다 협		氵	2	8	특급
	겹	韐	슬갑 겹		韋	9	15	
	감	龕	감실(龕室) 감		龍	16	22	특급
	겁	跲	넘어지다 겁		𧾷	7	13	특급
▶	답	答	대답 답	答辯(답변)	竹	6	12	**7급**
	흡	恰	흡사하다 흡	恰似(흡사)	忄	3	9	1급
		洽	흡족하다 흡	洽足(흡족)	氵	3	9	1급

	급	給	주다·대다 급		供給(공급)	糸	6	12	5급
	습	拾	줍다 습/열 십/오르다 섭 拾得(습득)		拾給(섭급)	扌	3	9	3급
	나	拿	잡다 나		拿捕(나포)	手	4	10	1급
荅	답	荅	팥 답			++	4	10	
		嫭	예쁘다 답			女	3	13	
	탑	塔	탑 탑	塔碑(탑비)	塔影(탑영)	土	3	13	3급
		搭	타다 탑		搭載(탑재)	扌	3	13	1급

91. 曲

曲	곡	曲	굽다 곡		曲線(곡선)	曰	4	6	5급
		蛐	지렁이 곡			虫	6	18	
		髷	고수머리 곡			髟	10	16	
	국	麴	누룩 국			麥	11	17	
▶	농	農	농사 농		農村(농촌)	辰	7	13	7급
		濃	짙다 농		濃厚(농후)	氵	3	16	2급
		膿	고름 농		蓄膿症(축농증)	肉	4	17	1급
		穠	무성하다·짙다 농			禾	5	18	특급

92. 百

▶	백	百	일백·모두 백			白	5	6	7급
		佰	일백·우두머리 백			亻	2	8	특급
		柏	측백(柏) 백	側柏(측백)	木	4	10	특급
	맥	陌	길·두렁 맥	阡陌(천맥)	阝	3	9	특급
		貊	맥국 맥	貊國(맥국)	豸	7	13	2급
		駱	노새 맥		馬	10	16	
弼	필	弼	돕다 필		弓	3	9	
		弼	돕다 필	輔弼(보필)	弓	3	12	2급
		弼	돕다 필		弓	3	12	
		弜	강하다 강		弓	3	6	

93. 关

关	권	券	문서·엄쪽 권	券契(권계)	刀	2	8	4급
		关	음 미상		八	2	6	
		拳	주먹 권	拳鬪(권투)	手	4	10	3급
		眷	돌보다 권	眷佑(권우)	目	5	11	1급

		蠢	거미·사마귀 권		虫	6	12
등		謄	베끼다 등		言	7	13
卷	권	卷	책·두루마리·말다 권	卷數(권수)	冂	2	8	4급
		倦	게으르다 권	倦怠(권태)	亻	2	10	1급
		圈	우리 권	圈域(권역)	囗	3	11	2급
		捲	거두다·말다 권	捲舌音(권설음)	扌	3	11	1급
		淃	돌아흐르다 권		氵	3	11	특급
		棬	나무그릇 권	杯棬之慕(배권지모)	木	4	12	특급
		睠	돌아보다 권	睠憐(권련)	目	5	13	특급
		綣	정답다 권	繾綣之情(견권지정)	糸	6	14	특급
		鬈	아름답다 권		髟	10	18	특급

94. 早

早	조	早	이르다 조	早期(조기)	日	4	6	4급
		鄛	읍 이름 조		阝	3	9	
▶	초	草	풀 초	草木(초목)	艹	4	10	**7급**
卓	탁	卓	높다·책상 탁		十	2	8	
	극	戟	창·찌르다 극	刺戟(자극)	戈	4	12	1급

▶	한	韓	한국·나라 한	韓國(한국)	韋	9	17	8급
朝	조	朝	아침 조	朝夕(조석)	月	4	12	6급
		潮	밀물·조수(潮水) 조	風潮(풍조)	氵	3	15	4급
		嘲	비웃다 조	嘲笑(조소)	口	3	15	1급
	묘	廟	사당 묘	廟堂(묘당)	广	3	15	3급
倝	간	倝	빛나다 간		人	2	10	
		榦	줄기 간/우물난간 한		木	4	14	특급
	건	乾	하늘·마르다 건	乾草(건초)	乙	1	11	3급
	알	斡	돌다 알 주장하다 간	斡旋(알선)	斗	4	14	1급
幹	간	幹	줄기 간	幹部(간부)	干	3	13	3급
		擀	손으로 펴다 간		扌	3	16	
		檊	산뽕나무 간		木	4	17	
	한	澣	빨다·씻다·열흘 한	澣衣(한의)	氵	3	16	1급
朝	조	朝	아침 조	朝夕(조석)	月	4	12	6급
		潮	밀물·조수(潮水) 조	風潮(풍조)	氵	3	15	4급
		嘲	비웃다 조	嘲笑(조소)	口	3	15	1급
	묘	廟	사당 묘	廟堂(묘당)	广	3	15	3급

| 翰 | 한 | 翰 | 편지(便紙·片紙)·날개 한 | 書翰(서한) | 羽 | 6 | 16 | 2급 |
| | | 瀚 | 넓고 크다 한 | 浩瀚(호한) | 氵 | 3 | 19 | 특급 |

95. 見

見	견	見	보다 견 뵈옵다 현	見聞(견문) 謁見(알현)	見	7	7	5급
		挸	닦다 견		扌	3	10	
	현	俔	염탐(廉探)하다 현		亻	2	9	특급
		峴	고개 현	峴山(현산)	山	3	10	2급
		晛	햇살 현		日	4	11	특급
		現	나타나다 현	現在(현재)	王	4	11	6급
		莧	비름 현	山莧菜(산현채)	艹	4	11	특급
		睍	훔쳐보다 현		目	5	12	특급
	연	硯	벼루 연	硯滴(연적)	石	5	12	2급
		蹨	비틀거리다 연		𧾷	7	14	
	전	靦	부끄럽다 전	靦面(전면)	面	9	16	특급
		覥	창피하다 전		酉	7	14	

96. 豆

豆	두	豆	콩 두	豆腐(두부)	豆	7	7	4급
		荳	콩·팥 두	紅荳(홍두)	++	4	11	특급

		逗	머무르다 두	逗留(두류)	辶	4	11	특급
		痘	역질 두	天然痘(천연두)	疒	5	12	1급
		頭	머리 두	頭腦(두뇌)	頁	9	16	6급
▶	등	登	오르다 등	登場(등장)	癶	5	12	**7급**
		嶝	고개 등		山	3	15	특급
		鄧	나라 이름 등		阝	3	15	2급
		橙	귤·걸상 등	橙色(등색)	木	4	16	1급
		燈	등불 등	燈油(등유)	火	4	16	4급
	증	證	증거 증	證據(증거)	言	7	19	4급
		黱	쌀이 썩어 검다 증		黑	12	24	
	징	澄	맑다 징	明澄(명징)	氵	3	15	1급
		瞪	직시하다 징		目	5	17	

97. 豕

豕	시	豕	돼지 시		豕	7	7	특급
		闍	문 시		門	8	15	
		鬉	상투 시		髟	10	17	
▶	가	家	집 가	家庭(가정)	宀	3	10	**7급**

嫁	시집가다 가		嫁娶(가취)	女	3	13	1급
稼	심다·일하다 가		稼動(가동)	禾	5	15	1급
榢	시렁 가			木	4	14	

98. 足

▶ 족	足	발 족		充足(충족)	足	7	7	7급
	呮	아첨하다 족			口	3	10	
촉	促	재촉하다·급하다 촉		促進(촉진)	亻	2	9	3급
	翭	날개 촉			羽	6	15	
착	捉	잡다 착		捕捉(포착)	扌	3	10	3급
	齪	악착하다 착		齷齪(악착)	齒	15	22	특급

99. 車

▶ 거	車	수레 거/차 車馬(거마)	車輛(차량)	車	7	7	7급
	硨	옥돌 거/차		石	5	12	
차	萆	질경이 차		++	4	11	
	瘒	새다 차		疒	5	12	
	蟼	조개 차		虫	6	13	

	고	庫	곳집 고		倉庫(창고)	广	3	10	4급
陣	진	陣	진치다 진		陣營(진영)	阝	3	10	4급
		塦	진을 치다 진			土	3	13	
		霣	구름 일다 진			雨	8	18	
斬	참	斬	베다 참		斬首(참수)	斤	4	11	2급
		塹	구덩이 참		塹壕(참호)	土	3	14	1급
		慙	부끄럽다 참		慙悔(참회)	心	4	15	3급
	점	漸	점점 점 험하다 참		漸次(점차) 漸漸(참참)	氵	3	14	3급
	잠	暫	잠깐 잠		暫時(잠시)	日	4	15	3급

100. 邑

▶	읍	邑	고을 읍	= 阝	都邑(도읍)	邑	7	7	7급
		挹	(물에)뜨다·읍하다 읍			扌	3	10	특급
		浥	젖다 읍		浥塵(읍진)	氵	3	10	특급
扈	호	扈	따르다 호		跋扈(발호)	戶	4	11	2급
		槴	통발 호			木	4	15	
		熩	빛니다 호			火	4	15	

101. 里

▶	리	里	마을 리	里落(이락)	里	7	7	7급
		俚	속되다 리	俚俗(이속)	亻	2	9	1급
		厘	다스리다 리/가게 전	分厘(분리)	厂	2	9	특급
		浬	해리(海里) 리		氵	3	10	특급
		狸	삵 리	狐狸(호리)	犭	3	10	특급
		梩	삼태기 리	藟梩(유리)	木	4	11	특급
		理	다스리다 리	理由(이유)	王	4	11	6급
		裡	속 리	腦裡(뇌리)	衤	5	12	1급
		裏	속 리	裏面(이면)	衣	6	13	3급
		鯉	잉어 리	以蝦釣鯉(이하조리)	魚	11	18	특급
埋	매	埋	묻다 매	埋沒(매몰) 埋葬(매장)	土	3	10	3급
		霾	흙비 매		雨	8	18	

102. 呂

呂	려	呂	등뼈·풍류 려	呂不韋(여불위)	口	3	7	2급
		侶	짝 려	伴侶(반려)	亻	2	9	1급

거	莒	나라 이름 거		++	4	11	특급
	筥	광주리 거 볏단·밥통 려	筐筥(광거)	竹	6	13	특급
宮 궁	宮	집 궁	宮殿(궁전)	宀	3	10	4급
	愱	근심하다 궁		忄	3	13	
	膌	궁형 궁	宮刑(궁형)	肉	4	14	
	蛥	도마뱀 궁		虫	6	16	

103. 百

百 수	百	머리 수 일백 백	首의 고자 百의 고자	自	6	7	
우	憂	근심 우		心	4	11	
알	戛	창·어근버근하다 알	戛過(알과)	戈	4	11	특급
▶ 하	夏	여름 하	夏季(하계)	夂	3	10	7급
	厦	큰 집 하	厦氈(하전)	厂	2	12	특급
	廈	큰 집 하	廣廈(광하)	广	3	13	특급

104. 金

▶ 금	金	쇠 금·성씨 김		金	8	8	8급
	惍	이롭다 금		忄	3	11	
	捡	붙잡다 금		扌	3	11	
	襟	옷깃 금		礻	5	13	
	闍	거문고 금		門	8	16	
음	崟	가파르다 음		山	3	11	
	碒	험준하다 음		石	5	13	
	趛	숙이고 달리다 음		走	7	15	

105. 長

▶ 장	長	길다 장	長短(장단)	長	8	8	8급
	帳	장막 장	帳幕(장막)	巾	3	11	4급
	萇	보리수 장		++	4	12	특급
	粻	양식(糧食) 장		米	6	14	특급
정	棖	문설주 정		木	4	12	특급
	碀	막다 정		石	5	17	

창	悵	슬프다 창		悵缺(창결)	忄	3	11	특급
	脹	붓다 창		膨脹(팽창)	肉	4	12	1급
	韔	활집 창		韔箙(창복)	韋	9	17	특급

106. 門

▶	문	門	문 문		門前成市(문전성시)	門	8	8	8급
		們	무리 문			亻	2	10	특급
▶		問	묻다·찾다 문		問答(문답)	口	3	11	7급
		捫	어루만지다 문	毆槃捫燭(구반문촉)		扌	3	11	특급
		聞	듣다 문		見聞(견문)	耳	6	14	6급
	은	誾	온화(溫和)하다·향기 은			言	7	15	2급
	민	悶	답답하다 민			忄	3	11	

107. 隶

隶	이	隶	미치다 이/대		隶	8	8	
		殔	임시로 묻다 이		歹	4	12	
	대	黱	검다 대		黑	12	20	
	예	劮	수고롭다 예		力	2	10	

	체	靆	구름끼다 체		雨	8	20	
		棣	산앵두나무·통하다 체 익숙하다 태	棣通(체통) 棣棣(태태)	木	4	12	특급
	강	康	편안 강	康寧(강녕)	广	3	11	4급

108. 雨

雨	우	雨	비 우	雨水(우수)	雨	8	8	5급
		颵	비 우		風	9	17	
		鷗	새 이름 우		鳥	11	19	

109. 靑

▶	청	靑	푸르다 청	靑綠(청록)	靑	8	8	8급
		倩	사위·고용하다 청 아름답다 천	倩工(청공) 倩草(천초)	亻	2	10	특급
		淸	맑다 청	淸明(청명)	氵	3	11	6급
		晴	개다 청	晴天(청천)	日	4	12	3급
		請	청하다 청	請求(청구)	言	7	15	4급
		鯖	청어 청	鯖魚(청어)	魚	11	19	특급
		菁	순무 청/빛나다 정	菁根菜(청근채)	⺿	4	12	특급
	정	情	뜻 정	情緒(정서)	忄	3	11	5급

		睛	눈동자 정	眼睛(안정)		目	5	13	1급
		精	정(精)하다·찧다 정	精誠(정성)		米	6	14	4급
	천	晴	희다 천			白	5	13	

110. 或

或	혹	或	혹·혹은·혹시 혹	或是(혹시)		戈	4	8	4급
		或	땅 이름 가			戈	4	7	
		惑	미혹(迷惑)하다 혹	誘惑(유혹)		心	4	12	3급
	욱	稶	서직(黍稷)이 무성하다 욱		= 稢(욱)	禾	5	13	특급
		歑	내쉬다 욱			欠	4	12	
	역	域	지경 역	域內(역내) 域外(역외)		土	3	11	4급
		淢	빨리 흐르다 역/해자 혁			氵	3	11	특급
		棫	두릅나무 역			木	4	12	특급
		罭	어망(漁網·魚網) 역			罒	5	13	특급
		緎	솔기 역			糸	6	14	특급
		閾	문지방 역	閾外(역외)		門	8	16	특급
▶	국	國	나라 국	國家(국가) 國歌(국가)		囗	3	11	8급
		馘	북소리 국	(壴; 士 악기이름 주)		豆	7	20	

곡	嚆	귀찮다 곡		口	3	14
	憤	어기다 곡		忄	3	14
	摑	치다 곡		扌	3	14

111. 其

其	기	其	그것 기	其間(기간)	八	2	8	3급
		淇	물 이름 기		氵	3	11	2급
		朞	돌·1주년 기	朞親(기친)	月	4	12	1급
		期	기약하다 기	期約(기약)	月	4	12	5급
		棋	바둑 기	棋石(기석)	木	4	12	2급
		棊	바둑 기	棊枰(기평)	木	4	12	특급
		琪	아름다운 옥 기	琪花(기화)	王	4	12	2급
		碁	바둑 기	碁盤(기반)	石	5	13	특급
		祺	길하다 기		示	5	13	특급
▶		旗	깃발 기	旗幟(기치)	方	4	14	7급
		箕	키 기	箕山之節(기산지절)	竹	6	14	2급
		綦	연둣빛비단·들메끈 기	綦帶(기대)	糸	6	14	특급
		錤	호미 기		金	8	16	특급
		騏	준마(駿馬) 기	騏驎(기린)	馬	10	18	2급

| 麒 | 기린 기 | | 麒麟(기린) | 鹿 | 11 | 19 | 2급 |

112. 享

享	향	享	드리다·누리다 향	享有(향유)	亠	2	8	3급
	돈	惇	도탑다 돈	惇惠(돈혜)	忄	3	11	2급
	톤	啍	느릿하다 톤 일깨우다 순	諄諄(톤톤·순순) 諄과 동자	口	3	11	특급
	순	淳	순박하다 순	淳朴(순박)	氵	3	11	2급
		犉	누렁 소 순		牛	4	12	특급
		諄	타이르다 순	諄誘(순유)	言	7	15	특급
		醇	전국술·순수하다 순	醇化(순화)	酉	7	15	1급
		錞	악기 이름 순		金	8	16	특급
		鶉	메추리 순	鶉肉(순육)	鳥	11	19	특급
		焞	밝다 순/돈 성대하다 퇴	焞燿(순요) 焞焞(순순·퇴퇴)	火	4	12	특급
	준	埻	과녁 준	埻的(준적)	土	3	11	특급
		祽	제사 준		示	5	13	

113. 面

	면	面	낯 면		面接(면접)	面	9	9	7급
▶		湎	빠지다 면		淫湎(음면)	氵	3	12	특급
		緬	멀다·생각하다 면		邈緬(하면)	糸	6	15	1급
		麵	국수 면	= 麺	冷麵(냉면)	麥	11	20	특급
		醥	술에 빠지다 면			酉	7	16	
		鞝	굴레 면			革	9	18	

114. 革

革	혁	革	가죽·고치다 혁		革新(혁신)	革	9	9	4급
		爀	불태우다 혁			火	4	13	
	격	愅	변하다 격			忄	3	12	
		緙	꿰메다 격			糸	6	15	
		翮	날개 격			羽	6	15	
	륵	勒	굴레 륵		彌勒(미륵)	力	2	11	1급
		髒	갈비 륵			骨	10	19	
堇	근	堇	진흙 근	堇(진흙 근)의 변형		大	3	11	

	탄	嘆	한숨 쉬다 탄	嘆息(탄식)	口	3	14	특급
		歎	탄식하다 탄	歎息(탄식)	欠	4	15	4급
▶	한	漢	한수(漢水)·한나라 한	漢字(한자)	氵	3	14	7급
		暵	마르다·말리다 한	暵乾(한건)	日	4	15	특급
		熯	말리다 한/불사르다 선		火	4	15	특급
	간	艱	어렵다 간	艱辛(간신)	艮	6	17	1급
		囏	어렵다 간		口	3	23	
難	난	難	어렵다 난	困難(곤란)	隹	8	19	4급
		戁	두려워하다 난		心	4	23	특급
	탄	灘	여울 탄	沙灘(사탄)	氵	3	22	2급
		攤	펴다 탄	攤書(탄서)	扌	3	22	
	나	儺	푸닥거리 나	儺禮(나례)	亻	2	21	1급
		糱	무성하다 나		木	4	23	
菫	근	菫	제비꽃 근	菫花草(근화초)	++	4	12	특급

115. 食

▶	식	食	밥·먹다 식 먹이 사	食事(식사) 飮食(음식) 食氣(사기) 簞食(단사)	食	9	9	7급
		篒	땅 이름 식		竹	6	15	특급

		蝕	갉아먹다 식	浸蝕(침식)	虫	6	15	1급
		醸	먹다 식		酉	7	16	
湌	찬	湌	먹다 찬 물말이하다 손	湌泄(찬설)	氵	3	12	특급
		蒢	풀 이름 손		++	4	16	

116. 首

首	수	首	머리 수		首	9	9	5급
		艏	뱃머리 수		舟	6	15	
▶	도	道	길 도	道路(도로)	辶	4	13	7급
		導	이끌다 도	引導(인도)	寸	3	16	4급
		噵	이르다 도		口	3	16	
		䅒	가리다 도		禾	5	18	

117. 香

香	향	香	향기 향	香氣(향기)	香	9	9	4급
		薌	나물국 향		++	4	13	
		稥	향기 향		禾	5	14	

| 麕 | 사슴사향 향 | | 鹿 | 11 | 20 | |

118. 亲

亲	친	亲	친하다 친		ㅗ	2	9	
		親	친하다 친	親舊(친구)	見	7	16	6급
新	신	新	새롭다 신	新規(신규)	斤	4	13	6급
		薪	섶 신	薪樵(신초)	++	4	17	1급
		嘶	이야기 신		口	3	16	
		嫠	나라 이름 신		女	3	16	

119. 馬

馬	마	馬	말 마	出馬(출마)	馬	10	10	5급
		瑪	마노 마	瑪瑙(마노)	王	4	14	특급
		碼	마노 마		石	5	15	특급
		禡	마제(禡祭) 마		示	5	15	특급
	매	罵	꾸짖다 매	罵倒(매도)	罒	5	15	1급
		駡	꾸짖다 매		口	3	13	
	독	篤	도탑다 독	篤實(독실)	竹	6	16	3급
		驚	달리다 독		馬	10	20	

120. 骨

骨	골	骨	뼈 골	骨肉(골육)	骨	10	10	4급
		愲	우울하다 골		忄	3	13	
		蹐	돌다 골		𧾷	7	17	
		顆	고독하다 골		頁	9	19	
	활	滑	미끄럽다 활 익살스럽다 골	滑走(활주) 滑稽(골계)	氵	3	13	2급
		猾	교활하다 활	狡猾(교활)	犭	3	13	1급

| 蛞 | 집게·방게 활 | | 虫 | 6 | 16 |
| 睯 | 직시하다 활 | | 目 | 5 | 15 |

121. 龍

龍	룡	龍	용 룡	龍門(용문)	龍	16	16	4급
		儱	미숙하다 룡		亻	2	18	
		儱	비틀거리다 룡		彳	3	19	
	롱	壟	밭두둑 롱	丘壟(구롱)	土	3	19	1급
		瀧	젖다 롱		氵	3	19	특급
		隴	언덕 롱	隴上(농상)	阝	3	19	특급
		朧	흐리다·몽롱하다 롱	朦朧(몽롱)	月	4	20	특급
		瓏	옥소리 롱	玲瓏(영롱)	王	4	20	1급
		籠	대바구니 롱	籠球(농구)	竹	6	22	2급
		聾	귀먹다 롱	聾啞(농아)	耳	6	22	1급
	총	寵	사랑하다 총	寵愛(총애)	宀	3	19	1급
	습	襲	엄습하다 습 掩襲(엄습)	襲擊(습격)	衣	6	22	3급

부수 표음

▶는 8급·7급 한자

1획

▶	일	一	한 일	一心(일심)	一	1	1	8급
	곤	丨	뚫다 곤		丨	1	1	
	주	丶	점 주		丶	1	1	
	별	丿	삐침 별		丿	1	1	
	을	乙	새·둘째천간 을	을	乙	1	1	3급
	궐	亅	갈고리 궐		亅	1	1	

2획

▶	이	二	둘·두·다음 이	二分(이분)	二	2	2	8급
	두	亠	돼지해머리 두		亠	2	2	
▶	인	人	사람 인	人間(인간)	人	2	2	8급
	인	亻	사람 인		亻	2	2	
	인	儿	어진 사람 인		儿	2	2	
▶	입	入	들다·들이다 입	入試(입시)	入	2	2	7급
▶	팔	八	여덟 팔	八苦(팔고)	八	2	2	8급
	경	冂	멀다 경		冂	2	2	특급
	멱	冖	덮다 멱		冖	2	2	
	빙	冫	얼음 빙		冫	2	2	
	궤	几	안석 궤	靈几(영궤)	几	2	2	1급
	감	凵	입을 벌리다 감		凵	2	2	
	도	刀	칼 도	刀痕(도흔)	刀	2	2	3급

도	刂	칼 도		刂	2	2	
▶ 력	力	힘 력	力不及(역불급)	力	2	2	7급
포	勹	싸다 포		勹	2	2	
비	匕	비수 비	匕首(비수)	匕	2	2	1급
방	匚	상자 방		匚	2	2	
혜	匸	감추다 혜		匸	2	2	
▶ 십	十	열 십	十分(십분)	十	2	2	8급
복	卜	점 복		卜	2	2	3급
절	卩	병부·신표 절		卩	2	2	
절	卪	병부 절		卩	2	2	
한	厂	언덕 한/기슭 엄		厂	2	2	
모	厶	아무·마늘 모	厶地(모지)	厶	2	2	
우	又	또 우	又驚又喜(우경우희)	又	2	2	3급

3획

▶ 구	口	입 구	口號(구호)	口	3	3	7급
국	囗	나라 국 = 囗/에워싸다 위		囗	3	6	4급
▶ 토	土	흙 토	土曜日(토요일)	土	3	3	8급
치	夂	뒤져오다 치		夂	3	3	
쇠	夊	천천히 걷다 쇠		夊	3	3	
▶ 석	夕	저녁 석	夕刊(석간)	夕	3	3	7급
▶ 대	大	크다 대	大家(대가)	大	3	3	8급
▶ 녀	女	계집 녀	女丈夫(여장부)	女	3	3	8급

▶	자	子	아들 자		子息(자식)	子	3	3	7급
▶	촌	寸	마디 촌		寸數(촌수)	寸	3	3	8급
	면	宀	집 면			宀	3	3	
▶	소	小	작다 소	積小成大(적소성대)		小	3	3	8급
	왕	尢	절름발이 왕			尢	3	3	
	시	尸	주검 시		尸親(시친)	尸	3	3	특급
	철	屮	싹이 트다 철/풀 초		草의 고자	屮	3	3	
	좌	屮	왼쪽 좌			屮	3	3	
	궐	屮	움직이다 궐			屮	3	3	
▶	산	山	메 산		山川(산천)	山	3	3	8급
▶	천	川	내 천		川谷(천곡)	川	3	3	7급
	천	巛	개미허리·내 천			巛	3	3	
▶	공	工	장인 공		工夫(공부)	工	3	3	7급
	기	己	몸 기		自己(자기)	己	3	3	5급
	건	巾	수건 건			巾	3	3	1급
	간	干	방패 간		干支(간지)	干	3	3	4급
	요	幺	작다·어리다 요		幺船(요선)	幺	3	3	
	엄	广	집 엄			广	3	3	
	인	廴	길게 걷다 인			廴	3	3	
	공	廾	양손으로 받들다 공			廾	3	3	
	익	弋	주살 익		弋利(익리)	弋	3	3	특급
	궁	弓	활 궁		弓矢(궁시)	弓	3	3	3급

계	⺕	돼지머리 계		⺕	3	3	
계	⺔	돼지머리 계		⺕	3	3	
삼	彡	터럭 삼	彡彡(삼삼)	彡	3	3	
척	彳	조금 걷다 척		彳	3	3	
심	⺖	마음 심		⺖	3	3	
수	⺘	손 수		⺘	3	3	
수	⺡	물 수		⺡	3	3	
견	⺨	개 견		⺨	3	3	
읍	阝	고을 읍	=邑	阝	3	3	
부	阝	언덕 부	=阜	阝	3	3	

4획

▶	심	心	마음 심		心身(심신)	心	4	4	7급
	과	戈	창 과		干戈(간과)	戈	4	4	2급
	호	戶	지게·집 호		戶主(호주)	戶	4	4	4급
▶	수	手	손 수		手帖(수첩)	手	4	4	7급
	지	支	버티다 지	지탱(支撑)	支援(지원)	支	4	4	4급
	복	攴	치다 복			攴	4	4	
	복	攵	치다 복			攵	4	4	
▶	문	文	글월 문		文化(문화)	文	4	4	7급
	두	斗	말 두	斗升(두승)	斗頓(두둔)	斗	4	4	4급
	근	斤	도끼·날(刃) 근		斤斧(근부)	斤	4	4	3급
▶	방	方	모·네모 방		方向(방향)	方	4	4	7급

	무	无	없다·아니다 무		无	4	4	특급
▶	일	日	날 일	日記(일기)	日	4	4	8급
	왈	曰	가로되·말하다 왈	或曰(혹왈)	曰	4	4	3급
▶	월	月	달 월	月光(월광)	月	4	4	8급
▶	목	木	나무 목	木材(목재)	木	4	4	8급
	흠	欠	하품·모자라다 흠		欠	4	4	1급
	지	止	그치다 지 止痛(지통)	停止(정지)	止	4	4	5급
	알	歹	뼈앙상하다 알 나쁘다 대	歹信(알신) 怪歹(괴대)	歹	4	4	특급
		歺	뼈앙상하다 알 나쁘다 대		歺	4	5	
	수	殳	창·몽둥이 수	殳矜(수근)	殳	4	4	특급
	무	毋	말다·아니다 무		毋	4	4	1급
	비	比	견주다 비	比較(비교)	比	4	4	5급
	모	毛	터럭 모	毛皮(모피)	毛	4	4	4급
	씨	氏	각시·성씨 씨	氏族(씨족)	氏	4	4	4급
	기	气	기운 기/빌다 걸		气	4	4	
▶	수	水	물 수	水位(수위)	水	4	4	8급
▶	화	火	불 화	火災(화재)	火	4	4	8급
	화	灬	불 화		灬	4	4	
	조	爫	손톱 조		爪	4	4	1급
	조	爪	손톱 조		爪	4	4	1급
▶	부	父	아비 부	父母(부모)	父	4	4	8급
	효	爻	점괘·사귀다· 효	數爻(수효)	爻	4	4	1급

장	爿	나뭇조각 장		爿	4	4	
편	片	조각 편		片	4	4	3급
아	牙	어금니 아	齒牙(치아)	牙	4	4	3급
우	牛	소 우	牛馬(우마)	牛	4	4	5급
견	犬	개 견	犬馬(견마)	犬	4	4	4급
▶ 옥	王	구슬 옥/임금 왕	王朝(왕조)	王	4	4	8급
시	罒	그물 망		罒	4	4	
시	礻	보이다 시		礻	4	4	
시	⺾	풀 초		⺾	4	4	
착	⻌	쉬엄쉬엄 가다 착		⻌	4	4	
로	耂	늙다 로		耂	4	4	

5획

현	玄	검다 현	玄米(현미)	玄	5	5	3급
옥	玉	구슬 옥	玉石(옥석)	玉	5	5	4급
과	瓜	오이 과	瓜田(과전)	瓜	5	5	2급
와	瓦	기와 와	瓦器(와기)	瓦	5	5	3급
감	甘	달다 감	甘草(감초)	甘	5	5	4급
▶ 생	生	나다 생	生死(생사)	生	5	5	8급
용	用	쓰다 용	利用(이용)	用	5	5	6급
전	田	밭 전	田園(전원)	田	5	5	4급
필	疋	짝 필 발 소	疋馬(필마)	疋	5	5	1급
녁	疒	병들다 녁		疒	5	5	

발	癶	등지다·걷다 발			癶	5	5
▶ 백	白	희다 백	白雪(백설)		白	5	5	8급
피	皮	가죽 피	皮膚(피부)	皮	5	5	3급
명	皿	그릇 명	膝皿(슬명)	皿	5	5	1급
목	目	눈 목	目標(목표)	目	5	5	6급
모	矛	창 모	矛盾(모순)	矛	5	5	2급
시	矢	화살 시	弓矢(궁시)	矢	5	5	3급
석	石	돌 석	石榴(석류)	石	5	5	6급
시	示	보이다 시	示威(시위)	示	5	5	5급
유	内	발자국 유	禹(우) 禺(옹)	内	5	5
화	禾	벼 화	禾苗(화묘)	禾	5	5	3급
혈	穴	구멍 혈	穴居(혈거)	穴	5	5	3급
▶ 립	立	서다 립	立春(입춘)	立	5	5	7급
수	氺	물 수		氺	5	5
망	罒	그물 망		罒	5	5
	罓	그물 망	=罓	网	6	5
의	衤	옷 의		衤	5	5

6획

죽	竹	대 죽	竹林(죽림)	竹	6	6	4급
미	米	쌀 미	米穀(미곡)	米	6	6	6급
멱	糸	가는 실 멱/실 사		糸	6	6	특급
부	缶	장군 부	=缶	缶	6	6	특급

- 119 -

망	网	그물 망		网	6	6	
양	羊	양 양	羊毛(양모)	羊	6	6	4급
우	羽	깃 우	羽化登仙(우화등선)	羽	6	6	3급
▶ 로	老	늙다 로	老人(노인)	老	6	6	7급
이	而	말잇다 이		而	6	6	3급
뢰	耒	가래·따비 뢰		耒	6	6	특급
이	耳	귀 이	耳目(이목)	耳	6	6	5급
율	聿	붓 율		聿	6	6	특급
육	肉	고기 육		肉	6	6	4급
신	臣	신하 신	臣下(신하)	臣	6	6	5급
▶ 자	自	스스로 자		自	6	6	7급
지	至	이르다 지	夏至(하지)	至	6	6	4급
구	臼	절구 구	臼磨(구마)	臼	6	6	1급
국	臼	깍지끼다 국·곡		臼	7	7	
설	舌	혀 설	舌戰(설전)	舌	6	6	4급
천	舛	어그러지다 천	舛駁(천박)	舛	6	6	특급
주	舟	배 주	舟航(주항)	舟	6	6	3급
간	艮	괘 이름·어긋나다 간	艮卦(간괘)	艮	6	6	2급
▶ 색	色	빛 색	色彩(색채)	色	6	6	7급
초	艸	풀 초		艸	6	6	특급
호	虍	범 호		虍	6	6	
훼	虫	벌레 훼/충	八角虫(팔각충)	虫	6	6	특급

혈	血	피 혈	血液(혈액)	血	6	6	4급
행	行	다니다 행 대열·순서 항	行爲(행위) 항렬(行列)	行	6	6	6급
의	衣	옷 의	衣服(의복)	衣	6	6	6급
아	襾	덮다 아		襾	6	6	
아	西	덮다 아		襾	6	6	

7획

견	見	보다 견 뵈옵다 현	見聞(견문) 謁見(알현)	見	7	7	5급
각	角	뿔 각/사람이름 록	角度(각도)	角	7	7	6급
언	言	말씀 언	言語(언어)	言	7	7	6급
곡	谷	골 곡	谷風(곡풍)	谷	7	7	3급
두	豆	콩 두	豆腐(두부)	豆	7	7	4급
시	豕	돼지 시		豕	7	7	특급
치	豸	발 없는 벌레 치/해태(獬豸) 태		豸	7	7	1급
패	貝	조개 패	貝物(패물)	貝	7	7	3급
적	赤	붉다 적	赤道(적도)	赤	7	7	5급
주	走	달리다 주		走	7	7	4급
▶ 족	足	발 족	充足(충족)	足	7	7	7급
신	身	몸 신	身體(신체)	身	7	7	6급
▶ 거	車	수레 거/차 車馬(거마)	車輛(차량)	車	7	7	7급
신	辛	맵다 신	辛苦(신고)	辛	7	7	3급
신	辰	때 신/별 진 辰夜(신야)	辰時(진시)	辰	7	7	3급
착	辵	쉬엄쉬엄 가다 착		辵	7	7	

▶	읍	邑	고을 읍	= 阝 都邑(도읍)	邑	7	7	7급
	유	酉	닭 유	酉時(유시)	酉	7	7	3급
	변	釆	분별하다·나누다 변		釆	7	7	특급
▶	리	里	마을 리	里落(이락)	里	7	7	7급

8획

▶	금	金	쇠 금·성씨 김	金融(금융)	金	8	8	8급
▶	장	長	길다 장	長短(장단)	長	8	8	8급
▶	문	門	문 문	門前成市(문전성시)	門	8	8	8급
	부	阜	언덕 부	= 阝	阜	8	8	2급
	이	隶	미치다 이/대		隶	8	8	
	추	隹	새 추		隹	8	8	
	우	雨	비 우	雨水(우수)	雨	8	8	5급
▶	청	靑	푸르다 청	靑綠(청록)	靑	8	8	8급
	비	非	아니다 비	非理(비리)	非	8	8	4급

9획

▶	면	面	낯 면	面接(면접)	面	9	9	7급
	혁	革	가죽·고치다 혁		革	9	9	4급
	위	韋	가죽 위	韋帶(위대)	韋	9	9	2급
	구	韭	부추 구		韭	9	9	특급
	음	音	소리 음	音樂(음악)	音	9	9	6급
	혈	頁	머리 혈		頁	9	9	특급

풍	風	바람 풍		風景(풍경)	風	9	9	6급
비	飛	날다 비		飛行(비행)	飛	9	9	4급
▶ 식	食	밥·먹다 식 먹이 사	食事(식사) 飮食(음식) 食氣(사기) 簞食(단사)	食	9	9	7급
수	首	머리 수			首	9	9	5급
향	香	향기 향		香氣(향기)	香	9	9	4급

10획

마	馬	말 마	出馬(출마)	馬	10	10	5급
골	骨	뼈 골	骨肉(골육)	骨	10	10	4급
고	高	높다 고	最高(최고)	高	10	10	6급
표	髟	머리털 늘어지다 표		髟	10	10	
투	鬥	싸우다 투		鬥	10	10	특급
창	鬯	울창주·향풀 창		鬯	10	10	특급
력	鬲	솥 력	鬲鼎(역정)	鬲	10	10	특급
귀	鬼	귀신(鬼神) 귀	魔鬼(마귀)	鬼	10	10	3급

11획

어	魚	물고기 어	水魚之交(수어지교)	魚	11	11	5급
조	鳥	새 조	鳥類(조류)	鳥	11	11	4급
로	鹵	소금·염전 로	鹵田(노전)	鹵	11	11	특급
록	鹿	사슴 록	鹿茸(녹용)	鹿	11	11	3급
맥	麥	보리 맥	麥酒(맥주)	麥	11	11	3급
마	麻	삼 마	麻衣(마의)	麻	11	11	3급

12획

황	黃	누르다 황	黃金(황금)	黃	12	12	6급
서	黍	기장 서	黍粟(서속)	黍	12	12	1급
흑	黑	검다 흑	黑白(흑백)	黑	12	12	5급
치	黹	바느질하다 치		黹	12	12	

13획

민	黽	힘쓰다 민/맹꽁이 맹/땅 이름 면 黽勉(민면) 黽池(면지)		黽	13	13	특급
정	鼎	솥 정		鼎	13	13	2급
고	鼓	북 고	鼓吹(고취)	鼓	13	13	3급
서	鼠	쥐 서	鼠族(서족)	鼠	13	13	1급

14획

비	鼻	코·구멍·처음 비	鼻炎(비염)	鼻	14	14	5급
제	齊	가지런하다 제	齊民(제민)	齊	14	14	3급

15획

치	齒	이 치	齒牙(치아)	齒	15	15	4급

16획

룡	龍	용 룡		龍	16	16	4급
구	龜	거북 귀/구 鶴龜(학구) 터지다·트다 균	龜鑑(귀감) 龜裂(균열)	龜	16	16	3급

17획

약	龠	피리 약		龠	17	17	

표음 색인